번역

번역학총서 · 15

번역

미카엘 우스티노프 지음 | 조준형 옮김

La traduction

KOREA
UNIVERSITY
PRESS
고려대학교
출판문화원

La traduction
by Michaël Oustinoff

옮긴이 서문

바벨탑과 함께 시작된 번역의 신화는 성경의 한 구절이 아닌 서로 다른 언어를 이해하기 위한 인간 활동의 산물이다. 신화의 이야기를 빌리지 않더라도 서로 다른 지역, 서로 다른 문화권에서 살아온 사람들은 고유의 문자와 표현을 사용하였다. 한 언어 문화권 내에서도 지역에 따라서 언어는 방언의 형태로 분화되는데, 국가 간의 언어 차이는 더욱더 그러할 것이다. 18세기 이후 역사·비교언어학자들은 공통된 자질이 있다고 추측되는 언어들을 묶어서 어족이라는 언어계통을 만들어냈고, 그중 가장 큰 언어 집단이 바로 인도-유럽어 어족이다. 전 세계 언어의 대부분이 포함된 이 어족의 내부를 자세히 살펴보면 그리스어 갈래, 라틴어 갈래 그리고 인도이란어 갈래 등 매우 이질적인 언어들로 구성되어 있으며, 같은 로망어라도 프랑스어, 이탈리아어, 스페인어와 같은 언어로 분기된다. 같은 어족에 속하는 언어들이지만 실질적으로 어휘와 표현에 있어서 많은 차이가 있어서 화자들 간의 완벽한 의사소통은 불가능했을 것이다. 이러한 차이를 상쇄하여 의사소통을 가능하게 한 것이 바로 통역(구어)과 번역(문어)이다. 19세기 말 의사소통의 난점을 해결하기 위해서 에스페란토어라는 새로운 바벨탑을 건설하려는 시도가 있었지만, 이

역시 실패로 끝났다. 언어는 한 문화의 정신적 산물이며, 단순히 의사소통을 위해서 가공의 언어를 사람들에게 강제할 수는 없었기 때문이다. 통역과 번역의 탄생은 필연적이다.

통번역은 이질적인 사회·문화에 속하는 인간들을 연결짓는 인간활동이기 때문에 인문학의 대상이다. 오랜 시간 무수한 번역 실천과 연구 과정에서 번역가와 학자들은 통번역을 제대로 이해하기 위해서 많은 원칙과 이론을 제안했다. 키케로와 히에로니무스를 시작으로 그 이후의 학자들에 의해 재생산되는 '단어 대 단어가 아닌, 의미 대 의미'라는 성구는 번역의 가장 핵심적인 개념이라고 할 수 있다. 형식적인 표현과 실질적인 의미의 대립으로 집약할 수 있는 이 성구는 이후의 번역과 관련된 수많은 논쟁들의 출발점이다. 직역과 의역, 원천주의자와 목표주의자 등 번역을 중심으로 등장한 이분법적 대립은 결국 한 언어에서 다른 언어로의 이동에서 표현과 의미를 어떻게 적절하게 조화시킬 것인가에 관한 문제일 것이다.

이러한 과정에서 '번역이란 무엇인가?'라는 정의적 문제는 '어떻게 번역을 할 것인가?'라는 실천적 질문으로 이어졌다. 번역의 본질에 대한 문답은 곧 번역을 올바르게 바라보기 위한 것이며, 이를 통해서 번역 실천을 어떻게 할 것인가에 대한 방법론적인 원칙에 질문을 던졌다. 번역(학)사 전체에 걸쳐서 가장 핵심적인 문제이자 쟁점이다. 원문과 번역문 사이에서 방황하는 시각은 수많은 논의를 불러일으켰으며 여전히 진행 중인 문제이다.

번역의 정의와 번역의 이론적 쟁점에 대해서 우스티노프는 총 6개의 장을 통해서 이를 설명하고 있다. 각 장을 구성하는 주제들이 하나의 거대한 담론이 될 수도 있지만, 우스티노프는 가장 핵심적인 개념들을 많은 사례와 함께 풀어나가고 있다. 1장에서 우스티노프는 언어와 번역의 관계를 설명하고 있다. 세계에 언어는 매우 많다. 우리는 이 모든 언어를 알지 못한다. 그래서 번역은 필연적이다. 언어의 다양성은 언어 보존과도 관련된다. 지구상에 매우 많은 언어가 존재하지만, 가장 많이 사용되는 언어는 극히 일부에 지나지 않는다. 소수의 사람들이 사용하는 언어는 화자가 죽으면 결국 사라진다. 역사에서 사라진 언어를 되살리는 것 역시 번역이다. 2장에서는 번역에 대한 다양한 관점을 소개하고 있다. 번역은 매우 오랜 역사를 가진다. 그 역사는 한 언어의 생존과도 관련이 있으며, 번역은 때로는 라틴어와 프랑스어의 관계처럼 한 언어를 제1 언어로 부상시키기도 하며, 때로는 언어의 순수성을 변질시키기도 한다. 직역과 의역 그리고 모방은 번역의 역사 전체에 걸쳐 경쟁했다. 3장을 통해서 우스티노프는 현대 번역학의 다양한 이론적 논의들을 소개하고 있다. 원천주의자와 목표주의자의 대립에서 번역학에 영향을 준 언어학 이론들 그리고 번역비평에 이르기까지 다양한 이론적 개념들을 소개하고 있다. 번역은 기본적으로 '랑가주의 작용'이라는 전제로 시작하는 본 책은 4장에서 번역이 실제로 구현되면서 표출되는 여러 형태를 설명하고 있다. 직역의 특성을 비롯해서 전이와 변조 그리고 재현 등 '불영 비교문체론'을 통해서 비네와 다르벨네가 소개하고 있는 번역의 형태를 여러 사례와 함께 소개하고 있다. 번역이 문자의 이동이라면 구어의 번역은 통역이다. 비록 번역에 비해서 연구가 늦었지만, 통역에 관한 쟁점들도 소홀히 하지 않는다. 5장에서 우스티노프는 통역은 문어에 비해서 시니피앙보다는 시니피에의 성격이 상대적으로 더 강조된다고 언급하면서 학교 교육의 사례를 통해서 이를 설명하고 있다. 마지막으로 6장은 현대 사회에서 언어 전이라는 좁은 의미로서의 번역이 아닌 좀더 넓은 의미로서의 번역의 기능을 설명하고 있다. 세계화라는 거대한 개념 속에서 번역은 매우 중요한 역할을 담당한다. 지역적 차원이 아닌 범지구적 차원에서 수많은 언어-문화가 다차원적으로 접촉하게 된다. 그리고 그 접촉은 문자 대 문자의 접촉을 넘어서 문자 대 그림, 문자 대 영상 등 다면적 형태로 나타난다. 번역은 언어 간 이동이 아닌 기호 간 이동으로 영역을 확장한다. 우리는 이제 번역의 이러한 확장에 대응해야 한다. 그런데 언어가 아닌 언어-문화의 접촉은 자민족중심주의의 폐단을 만들어낼 수 있다. 18세기 유럽의 해외 식민지 정책 과정은 문화적 폭력성을 엿볼 수 있는 가장 대표적인 사례라고 할 수 있다. 우스티노프가 본 책에서 언급하듯이 번역은 "사회 전체에 내재된 자민족중심주의 경향을 바꾸는 데 가장 효과적인 수단들 중의 하나"이다. 문화적 우월성이 아닌, 문화적 다양성을 인정하기 위해서 번역은 중요한 역할을 할 수 있다. 그래서 우스티노프는 "우리는 고등학교 3학년 학생들에게 공간기하학 혹은 헤겔 철학을 가르친다. 그렇다면, 한 언어에서(그리고 한 문화에서) 다른 언어로 이행할 수 있는 작용들은 왜 안 되는가?"라고 문제를 제기하며 글을 갈무리한다.

우스티노프가 서문에서 밝히고 있듯이 현대 사회는 교통과 통신의 발달로 그 이전보다 훨씬 다양한 언어-문화권 접촉이 빈번해지면서, 이들 사이의 의사소통에 대한 필요성이 높아졌다. 이제 통역과 번역은 전문가에게도 비전문가에게도 공통된 대상이다. 무수한 사회적 관계 속에서 번역은 구어이든 문어이든 직간접적으로 인간의 사회 활동에 영향을 미친다. "번역의 기본 기능은 바벨에 저항하면서도 지지하는 다양성의 위대한 중재자"라는 우스티노프의 마지막 맺음은 번역이 수많은 언어의 차이를 인정하면서도 서로 소통시키는 이상적 에스페란토어라는 것을 강조한다.

이 책은 중국어 사례가 나오기도 하지만 주로 로망어를 중심으로 한 유럽 번역(학)을 대상으로 하고 있다. 그리고 2003년 초판이 나온 이래로 많은 시간이 흘렀기 때문에, 현재 문제가 되는 쟁점은 거의 언급되고 있지 않다. 특히 현재 번역학의 주요 화두 중 하나인 자동번역은 단편적으로만 기술되어 있고, 20세기 이후 코퍼스 언어학의 방법론을 도입한 코퍼스 기반 번역학에 관한 내용은 찾아보기가 어렵다. 이러한 점에서 본 책은 번역 입문서로서 번역 및 번역학과 관련된 개념적·이론적 쟁점들을 역사적으로 그리고 주제별로 이해하는 데 도움을 줄 수 있는 입문서로서의 역할을 충분히 할 수 있지만, 최신의 기술번역학과 번역공학과 관련된 주제에 대해서는 다른 연구서들을 참조해야만 할 것이다.

이 책에는 번역 및 번역학과 관련된 많은 참고 문헌이 언급되고 있다. 참고 문헌 제목을 모두 한국어로 옮기는 것이 타당할 것이지만 본문에 언급된 주요 저서 및 논문을 제외하고 주석이나 책 말미에 첨부된 참고 문헌의 제목은 한국어로 옮기지 않았다. 그리고 본문에 언급된 저서의 한국어 제목은 이미 번역서로 출판된 경우에는 혼돈을 피하기 위해서 출판 저서 제목을 그대로 가져왔다.

번역에 관한 책이어서 많은 사례가 인용되고 있다. 언급된 사례들도 한국어로 옮겨야 하지만, 번역 이행 과정에서 나타나는 형식적 변화를 설명하는 부분은 한국어로 옮기지 않았다. 반면에 개념적 인용 혹은 간단한 사례들은 한국어 역을 덧붙였다. 또한 사례들이 프랑스어뿐만 아니라 영어, 라틴어, 이탈리아어를 비롯한 여러 언어로 되어 있어서, 프랑스어를 제외한 나머지 언어 사례는 본 책에 병기된 프랑스어 번역을 참조하여 한국어로 옮겼다. 이와 함께, 번역 사례 및 번역 이론 설명을 위해서 성경이 인용되는 경우가 있는데, 이 경우에도 역자가 이를 자의적으로 번역하기보다는 기존의 한국어 성경을 참조하였다. 한국어 성경은 대한성서공회에서 출간된 《새번역성경》을 따랐다.

번역은 언제나 어렵다. 번역 이론을 아는 것과 번역을 하는 것은 전혀 다른 문제일 수 있다. 그렇지만 올바른 번역을 위해서 심사숙고할 때 그 길을 알려주는 것이 번역 이론일 것이다. 역자는 이 책을 번역하면서 그동안 생각했던 번역에 대한 시각을 새롭게 재고할 수 있는 기회였다고 생각한다.

끝으로 이 책을 번역할 수 있도록 계기를 마련해 주신 전성기 선생님께 감사드린다. 그리고 힘들 때 언제나 용기를 주었던 박미경 님께 감사의 마음을 전한다. 이 책을 번역하는 데 많은 시간이 걸렸지만, 묵묵히 기다려 주신 고려대학교출판문화원 선생님들께 고마움을 표하고 싶다.

2020년 7월

역자 조준형

서문

여행과 신기술이 일반화되고, 매우 다양한 언어와 접촉하게 되면서, 번역은 전문가 영역과 비전문가 영역 모두에서 고려해야 할 새로운 형태로 발전하고 다양화되었다.

하지만 일반적으로 번역은 전문가의 것이라고만 생각하기 때문에, 번역 메커니즘은 여전히 제대로 알려지지 않고 있다. 사실 번역의 영역은 훨씬 더 광범위하다. 번역은 번역가 혹은 통역가의 업무이기 이전에 원칙적으로 랑가주langage의 기본 작용이다.

문어이든(문학 번역, 신문 번역, 기술 번역), 구어이든(통역가의 순차 혹은 동시 통역), 우리가 번역의 다양한 실현을 보다 잘 이해하기 위해서는 바로 이 개념에서 출발해야만 한다.

우리는 6개의 장章에서 이 개념들을 하나씩 살펴볼 것이다. 1장에서는 언어의 표층적 다양성 때문에, 각 언어를 심층적으로 연결하는 대응에 주목해야 한다고 강조할 것이다. 이것은 언어 간의 이동을 가능하게 하는 것이 무엇인지를 잘 이해할 수 있게 하는 것이다. 그래서 번역이 일반적으로 생각하는 것보다 훨씬 더 넓은 범위를 가지고 있다는 것을 알 수 있다. 번역은 '재표현'*reformulation*을 통해서 모든 언어 내부에서도 나타나기 때문이다. 모든 의사소통은 우리가 하나 혹은 그 이상의 언어를 사용할 수 있는 능력이 있음을 전제한다.

역사적인 측면을 무시하고 "번역이란 무엇인가?"라는 질문에 답할 수는 없다. 세 가지 큰 축으로 구분할 것이다. 하나는 정신과 문자의 문제에 관한 것이다. 로마인의 그리스어 텍스트 번역을 되짚어 볼 수 있다. 먼저 성경의 라틴어 번역(성 히에로니무스saint Jérôme의 《불가타 성경Vulgate》)을, 그리고 나서 민중어로의 번역(슬라브어권의 경우에는 시릴어와 메소드어 번역,[1] 루터Luther의 독일어 성경, 영어로 작성된 《흠정역 성서Authorized Version》 등)을 살펴볼 것이다. 르네상스까지 이어지는 이 첫 번째 시기에서 우리가 살펴보고자 하는 것은 원문에 대한 충실성이다. 그러나 17-18세기에 시계추는 반대 방향으로 움직인다. 번역이란 불충실할 때만 아름다울 수 있다는 원리에 따라서 번역가들은 원문의 표현을 마음껏 변형시켰다. 오늘날 그러한 변형은 더 이상 용납되지 않으며(그것은 아마도 차용adaptation에 해당한다), 보다 광범위한 직역성littéralité을 보여주길 요구한다.

번역의 역사는 번역에 관한 저서와 불가분의 관계에 있다. 대부분 텍스트 비평에 속하며, 특히 종교 혹은 문학 텍스트에서 명시적으로 나타난다. 넓은 의미에서, 매우 많은 현대 번역 이론은 비평의 영역에 속한다. 현대 번역 이론은 크게 두 가지 범주로 정리할 수 있다. 언어학에 기반을 둔 이론과 필요할 경우 언어학에서 영감을 가져오지만, 어쨌든 이 범주를 넘어선 이론이다.

이론적인 배경만큼이나 번역 방식도 매우 다양하다. 따라서 가능한 한 객관적인 태도로 번역의 기저에 내포된 원리를 밝히는 것이 중요하

---

1 Roman Jakobson, *Selected Writings: Early Slavic Paths and Crossroads*, volume VI, Berlin/New York, Mouton de Gruyter, 1985를 볼 것.

다. 우리는 규범적 접근approche prescriptive("어떻게 번역해야만 하는가?")이나 순수 이론적 접근("번역이란 무엇인가?")이 아닌, 기술적 접근approche descriptive("어떻게 번역하는가?")을 우선시할 것이다.

문학의 경우에 어쨌든 서구 문화권에서는 구어보다 문어가 우세하다. 그래서 구어 번역에 대한 연구는 문어 번역에 비해 훨씬 적고 뒤처졌다. 오늘날 이러한 문제가 해결되었다고 하지만, 구어 번역은 무시해서는 안 될 중요한 분야이다.

다양한 유형의 번역이 존재하기 때문에 "기호 간" 번역(로만 야콥슨R. Jakobson)이라는 보다 넓은 범주에서 번역을 연구해야만 한다. 한 언어에서 다른 언어로의 이행이 아닌, 하나의 '기호 체계'에서 다른 기호 체계로의 이행이다. 이러한 번역 형태는 특히 인공위성과 인터넷에 의한 통신과 같은 신기술에 의해 우리가 여러 언어가 사용되는 변화무쌍한 세계에 살게 되면서 매우 특별한 중요성을 가지게 된다. 이 세계에서 번역은 모든 측면에서 핵심적인 역할을 한다.

번역은 주요 국제기구 활동 중에서 중요한 부분이 되었다. 국제기구는 수준 높은 번역가와 통역가를 필요로 한다. 그렇지만 그 이전에 외국어 학습을 위해서 번역이 가지는 중요성 그리고 더 근본적으로 말해서 모국어 지식에서 번역의 중요성을 잊어서는 안 될 것이다. 위대한 번역가였던 괴테Goethe가 말했던 것처럼, "외국어를 모르는 사람은 모국어도 알지 못한다".[2] 반대로 말하면, 모국어 지식은 잠재적으로 번역을 통해서 다른 모든 언어의 지식을 포함한다.

번역은 단순한 언어 작용이 아니다. 언어는 문화적 다양성과 밀접한

2 George Kersaudy, *Langues sans frontières. À la découverte des langues de l'Europe*, Paris, Autrement, 2001, p. 147 재인용.

관련이 있다. 국제연합이 유네스코를 통해서 현 21세기에 문화 충돌로 발생하는 분쟁들이 증가하는 것을 막기 위해서 보호하고자 하는 바로 그 다양성이다.

차례

제1장
언어의 다양성, 번역의 보편성

니므루드의 탑은 단어로 건설되었다.

조르주 스타이너George Steiner

《언어와 침묵Language and Silence》, 1966.

I. 바벨탑 그리고 언어의 다양성

오늘날 6천 개 이상의 구어가 존재하는 것 같다. 그중 몇몇은 화자가 거의 없지만 그건 별로 중요하지 않다. 모든 언어를 배운다는 것은 환상일 정도로 많다. 바벨탑은 화폭에서 묘사되는 다양한 모습을 넘어서 수많은 언어가 존재한다는 것을 가리키는 상징물이다. 바벨탑이 바빌론에 실제로 존재했었다고 하더라도(이라크에서는 바벨탑 유적이 아직도 발견되고 있다), 신화는 단어들에 의해 만들어진다. 〈창세기〉 11장 9절은 "주님께서 거기에서 그들을 온 땅으로 흩으셨다. 그래서 그들은 도시 세우는 일을 그만두었다. 주님께서 거기에서 온 세상의 말을 뒤섞으셨다고 하여, 사람들은 그곳의 이름을 바벨이라고 한다. 주님께서 거기에서 사람들을 온 땅에 흩으셨다"[1]로 끝난다. 이 구절 어디에서도 번역에 대한 언급은 찾을 수 없을 것이다. 그러나 성경을 읽는다는 것은 번역을 전제한다. "원래"의 구약, 다시 말해서 히브리어로 쓰인 구약을 읽을 수 있는 사람

1 *La Bible de Jérusalem*, Paris, Éditions du Cerf, 1998.

은 드물다.

놀랍게도 성경을 배제하고 번역에 관해 말하는 것은 불가능하다. 인류 역사상 성경은 오래전부터 가장 많이 번역되었으며 앞으로도 그럴 것이기 때문이다. 오늘날 성경은 2,233개의 언어로 번역되었다. 동등한 가치를 가지는 그 어떤 텍스트도 같은 수의 언어로 옮겨지지 않았다. 언어의 다양성뿐만 아니라 판본의 다양성도 함께 고려해야만 한다. 소위 예루살렘 성경이 표준서로 채택되었다고 하더라도 수많은 다른 성경들이 존재한다.

종교와 별도로 성경 번역은 모든 번역 방식에 적용 가능한 세 가지 근본적인 문제를 제기한다. 먼저, 명시적으로 확인 가능한 언어 변화의 문제이다. 원어가 존재하지 않거나 혹은 더 이상 이해할 수 없기 때문에 번역을 한다. 기원전 3세기에 알렉산드리아 유대 식민지가 《70인 성경Bible des Septante》을 그리스어로 번역한 것은 더욱 많은 사람들이 이 성경을 접할 수 있도록 하기 위해서다. 이것은 당시의 지배어에 의존한다는 것을 의미한다.

같은 이유로 신약성경은 예수의 언어인 아람어araméen가 아닌 그리스어로 쓰였다. 전체가 그리스어로 번역되거나 쓰인 성서들은 이번에는 기독교 시대의 지배어인 라틴어로 번역된다.

따라서 번역의 첫 번째 기능은 실용적인 차원에 속한다. 번역이 없다면 의사소통은 실패하거나 불가능해진다. 이러한 번역의 특성으로 하나의 파벌이 만들어졌다. 외교 분야에서 부여된 중요성 때문에 이집트에서 통역가는 왕자의 지위를 가졌다.

반대로 용어 자체의 의미에서 번역이 한 언어의 생존 조건이 될 수 있는 이유를 알 수 있다. 만일 로제타석pierre de Rosette에 상형문자와 민중

이집트어(상형문자의 단순 형태)로 쓰인 텍스트와 함께 잘 알려진 언어인 그리스어 번역이 없었다면, 샹폴리옹Champollion은 그 문자들을 결코 해독할 수 없었을 것이고, 파라오의 언어는 분명 에투리아어처럼 이해할 수 없는 상태로 남게 되었을지도 모른다. 더 이상 번역되지 않는 언어는 이 언어가 번역으로 되살아날 때까지 죽은 언어가 된다.

두 번째로 고려해야 할 점은 언어 문제이다. 정확히는 현존하는 언어'들'의 문제이다. 햄-샘 어족에 속하는 히브리어를 인도유럽어족에 속하는 그리스어로 번역하는 것은 기본 원리가 같다고 하더라도 그리스어를 같은 어족에 속하는 라틴어로 옮기거나 혹은 스페인어를 프랑스어로 번역하는 것과는 다르다. 그런 이유로 《요나와 방랑하는 시니피앙Jona et le signifiant errant》에서 앙리 메쇼닉Henri Meschonnic은 히브리어 원문 "mechamrim/havlé-chav ///hasdam/ya'zóvu"(요나서, 2장 9절)을 다시 쓰고, 직역인 "gardiens buées-vanités leur piété abandonneront"을 병기한다.[2] 분명히 히브리어에 대한 지식을 전제하는 번역이지만, 프랑스어에서는 오역이 되어버린다. 예루살렘 성경은 "Ceux qui servent des vanités, c'est leur grâce qu'ils abandonnent(헛된 우상을 섬기는 자들은 주님께서 베풀어 주신 은혜를 저버립니다)"라고 번역하고 있다. 대상 언어가 무엇이든, 비슷하든 아니든, 한 언어에서 다른 언어로의 "모사calque"가 이상한 결과가 되는 예들을 많이 찾을 수 있다. 프랑스어 화자는 영어 혹은 스페인어보다 히브리어를 배우는 것이 훨씬 힘들다. 그렇지만 번역은 언제나 그렇듯 언어 차원으로만 국한할 수는 없을 것이다. 이 개념에 따르면, 가까운 언어와 달리 등가 형태로 원문을 표현할 수 있도록 "출발어langue

2 Henri Meschonnic, *Jona et le signifiant errant*, Paris, Gallimard, 1981, p. 73.

de départ"(히브리어 혹은 완전히 다른 언어)를 알고, 동시에 "도착어 langue d'arrivée"(여기서는 프랑스어)를 충분히 익히기 위해서 훌륭한 언어학자가 되는 것으로 충분할 것이다. 이것은 필수조건이지, 충분조건은 아니다.

번역의 의사소통 기능과 번역의 언어적 차원 이외에 앞의 두 요인과 연관되는 세 번째 요인이 있다. 동일 텍스트에 대한 판본의 다양성이다. 앙리 메쇼닉의 다른 번역들에 대한 조사가 이를 증명한다. 예루살렘 성경 번역 이외에, 메쇼닉은 자도크 칸Zadoc Kahn의 책임하에 진행된 프랑스인 유대사제의 번역(1899)인 "Ceux qui révèrent des idoles menteuses, ceux-là font bon marché de leur salut", 루이 스공Louis Segond 번역(1910)인 "Ceux qui s'attachent à de vaines idoles/Éloignent d'eux la miséricorde", 플레이아드 총서La Pléiade(1969)에서 에두아르 도름Édouard Dhorme의 감독하에 진행된 번역 "Ceux qui révèrent les vaines idoles,/abandonnent leur piété", 《공동역 성경Traduction œcuménique de la Bible》(1975)의 번역 "Les fanatiques des vaines idoles,/qu'ils renoncent à leur dévotion!"을 인용하고 있다. 마지막으로 의도적으로 히브리어 표현에 가깝게 한 두 번역인 슈라키Chouraqui(1976)의 "Les conservateurs des fumées du trouble leur dilection, ils l'abandonnent"와 앙리 메쇼닉 자신의 번역(1981)이다. 메쇼닉의 번역은 원문이 가지고 있는 리듬의 시학을 재현하고자 하였다.

"Veilleurs de   vents buées
                                  Leur foi   délais-
seront."

우리가 이 번역본들을 서로 구분할 수 있는 것은 전적으로 언어적 차원에서만이 아니다. 성경 번역을 자의적으로 해서는 안 된다. 번역가의 능력은 수많은 변이형에 있는 것이 아니다. 실제로 작가이자 여러 언어에 능통했던 쥘리앵 그린Julien Green이 지적하고 있는 것처럼 그런 변이형들은 충격적이다. 《랑가주와 이중성Le Langage et son double》에서, 그린은 성 히에로니무스의 《불가타 성경》이 "Nam et si ambulavero un medio umbrae mortis, non timebo mala(내가 비록 죽음의 그늘 속에서 다닐지라도, 내게는 두려움이 없습니다)"(시편, 23장 4절)라고 표현한 부분을 자신은 "Et même si je marchais au milieu des ombres de la mort, je ne craindrais aucun mal"이라고 번역했고, 루터 성경은 "Und ob ich schon wanderte im finster Tal, fürchte ich kein Unglück"(죽음의 골짜기에서 다닐지라도, 어떤 일도 두렵지 않다)로 번역하고 있으며, 반면에 《흠정역 성서》는 "Yea, though I walk through the valley of the shadow of death, I will fear no evil"(죽음의 그늘의 골짜기에서 다닐지라도, 어떤 일도 두렵지 않다)로 옮기고 있다고 지적한다. 라틴어 판본에는 "골짜기"는 없지만 "죽음의 그늘"은 있으며, 독일어 판본에는 "골짜기"는 있지만, "죽음의 그늘"이 없다. 반면 영어 판본은 두 표현 모두를 포함하고 있다.[3]

이러한 차이에 대해서 여러 가지 의견이 있을 수 있다. 첫 번째는 한 언어에서 다른 언어로 번역하는 것은 근본적으로 불가능하다고 결론짓는 것이다. 전 세계의 이슬람교도에게 있어서 코란은 번역될 수 없는 것일 수 있다. 아랍어 화자이든 아니든 독송자는 코란을 원어로 읽어야만 한다. 인이의 상대적 번역불가능성을 생각할 수도 있다. 이탈리아어 성구인 *tradutore, traditore*(번역은 반역이다)를 다시 인용하면, 번역을 한다는

---

3 Julien Green, *Le langage et son double*, Paris, Le Seuil, 1987, pp. 184-187.

것은 분명 반역을 하는 것이다. 그래서 번역은 자칫 부득이한 수단인 것처럼 생각할 수도 있다. 설령 모든 사람들이 훌륭하다고 동의하는 번역들이 존재하더라도 원문을 직접적으로 참조하는 것이 여타의 접근 방법을 능가하기 때문이다. 세 번째 해결책은 바벨 신화에 대한 일반적인 해석을 뒤집고, 언어의 다양성 속에서 부정적인 것과는 다른 것을 보는 것이다.

II. 언어와 세계관

자크 데리다Jacques Derrida는 "언어의 문제가 제기되고 번역에 대한 담론이 나타나는 언어에 관한 문제를 묵과해서는 안 될 것이다"라고 말한다.[4] 실제로 언어의 문제는 어떤 제목 이상으로 중요하다. 16세기 스코틀랜드에서는 게일어와 함께 스코트어(지금도 여전히 사용되는 구어로 포르투갈어와 스페인어, 네덜란드어와 독일어 그리고 덴마크어와 스웨덴어의 관계처럼 영어와 관련된다)가 공용어였다. 그래서 제네바로 피신한 영국 출신의 프로테스탄트들이 번역한 성경이 1560년에 소개되기 전까지 영국 영어에 필적하는 권위를 가졌다. 스코트어로의 번역은 너무 늦게 이루어졌다. 이것이 스코트어의 쇠퇴를 가져왔다.[5] 스코트어는 "소수" 언어들 중에서 소수 언어 유럽 사무국Bureau européen des langues moins répandues 목록에 들어가지만(1,500,000명의 화자), 다른 관점에서는 "다수어"로 남을 수도 있었다(게일어는 사라지고 있다. 1991년에 67,000명의 화자가 있었지만, 2001년에

---

4 Jacques Derrida, Des tours de Babel, in *Difference in Translation*, éd. Joseph F. Graham, Ithaca, Cornell University Press, 1985, p. 210.

5 Tom McArthur, The Status of English in and furth of Scotland, in A. J. Aitken, T. McArthur (eds.), *Languages of Scotland*, Édimbourg, Chambers, 1979를 볼 것.

는 55,000명의 화자만이 남아있다). 스코트어는 유럽 연합 내에서 보호해야 할 50여 개의 언어에 속하지 않는 것 같다. 때로는 번역의 영향이 구원자가 되기도 하지만 번역의 부재는 대체로 치명적이다. 현존하는 언어의 96%가 단지 세계 인구의 4%만이 사용하고 있다는 것을 생각한다면, 필연적으로 제기될 수밖에 없는 중대한 문제이다.

"다수어langue majoritaire"와 "소수어langue minoritaire"라는 표현은 완전히 상대적인 것이다. 고려된 시기에 따라서 등식은 바로 바뀔 수 있다. 이러한 관점에서 켈트어들의 극명한 모습은 기원전 1세기에 이 언어들이 대부분의 유럽 대륙으로 그리고 소아시아까지 전파되었다는 사실을 떠올린다면 이해할 수 있다.[6] 따라서 프랑스어와 영어와 같은 다수어 혹은 국제어에서 사례를 가져오기에 앞서, 이탈리아 작가인 안드레아 카밀레리Andrea Camilleri의 다음과 같은 질문이 우리가 보다 일반적인 차원에서 답할 만하다. "(…) 사라진 언어들의 단 한 명의 번역가, 단 한 명의 통역가가 생존하지 않았을까? 이 단어들이 그것을 발음하던 사람들에게 의미하는 것을 다른 사람들에게 이야기할 수 있을 누군가가 살아있지 않았을까?"[7]

이것은 실제로 모든 번역 독자가 떠올릴 수 있는 최초의 질문이다. 바로 원문과 번역문을 구분하는 차이의 문제이다. 만약 성경 번역이 그만큼의 해석과 이본異本의 문제를 제기한다면, 다른 형태의 텍스트도 그렇지 않은가? 대비되는 언어들이 같은 어족에 속하면 차이가 최소화되지 않을까? 번역이 원문과 같은 것을 상기시킬 수 있는가? 우리가 언어

6 Henriette Walter, *L'aventure des langues en Occident*, Paris, Robert Laffont, 1994, pp. 66-67를 볼 것.

7 Andrea Camilleri, Le destin de Babel, *Courrier international*, hors-série, mars-avril-mai 2003, p. 12.

의 문제, 따라서 언어들의 문제에서 출발하기를 요구하는 질문들이다.

사실 언어는 바벨탑처럼 단어로만 만들어지지 않는다. 각 언어는 세계에 대한 고유한 "시각vision"("Weltansicht")을 가지고 있다. 19세기에 빌헬름 폰 훔볼트Wilhelm von Humboldt가 만들어낸 개념이자, 다음 세기에 에드워드 사피어Edward Sapir[8]와 벤자민 리 워프Benjamin Lee Whorf가 계승하여 흔히 "사피어-워프" 가설로 불리는 개념이다.[9]

각 언어가 "현실réel"에 대해서 서로 다르게 "구분découpage"하는 가장 대표적인 예가 바로 색상이다. 프랑스어 "bleu(파란색)"는 러시아어에서 "goluboj"("bleu clair[옅은 파란색]") 혹은 "sinij"("bleu foncé[짙은 파란색]")에 대응된다. 그렇지만 켈트어에서는 단 하나의 단어 "glas"가 "vert(녹색)"와 "bleu"에 대응된다. 색상 어휘에서 나타나는 이러한 현상은 언어 전체에서 그렇다. 이것은 분명 번역에 영향을 미친다. 만일 마리 보나파르트Marie Bonaparte가 'Das Unheimliche'(《두려운 낯섦》)이라는 제목의 프로이트Freud의 저서를 'L'Inquiétante Étrangeté'(불안한 낯섦)로 번역한다면, 그것은 프로이트가 포르투갈어와 이탈리아어에서는 "완곡 표현"으로 만족하며 아랍어와 히브리어에서는 "unheimlich가 전율frissons [schaurig]을 주는 것이라는 의미의 démonique [dämonisch]와 일치한다"고 메모하면서, 라틴어, 그리스어, 영어, 프랑스어, 스페인어에서는 정확한 등가를 찾지 못했다고 지적한 사실과 무관하지 않다. 프로이트는 "우리는 심지어 많은 언어에서 공포에 관한 고유한 어감이 부족하다는 느낌을 받는다"[10]라

8 슬라브어권에 대한 적용은 Roman Jakobson, *Early Slavic Paths and Crossroads*를 볼 것.

9 Benjamin Lee Whorf, *Language, Thought and Reality*, Cambridge (Mass.), The MIT Press, 1956을 볼 것.

10 Sigmund Freud, *Das Unheimliche und andere Texte / L'Inquiétante Étrangeté et autres textes*, trad. F. Cambon, Paris, Gallimard, coll. Folio bilingue, 2001, pp. 34-37.

고 결론짓는다.

중국어에서 "Chine(중국)"는 [zhōngguó]로 발음된다. 그러나 여기서 중국어 화자는 [zhōng]("milieu[중심]")과 [guó]("pays[국가]")를 구별할 수 있다. 즉, 중국은 "중심 국가pay du Milieu" 혹은 중국 황제 시대에 불리던 것처럼 "중심의 제국empire du Milieu"이다. 따라서 "Chine"와 [zhōngguó]가 상기시키는 힘은 전혀 다르다. 또 다른 분석에서 자크 데리다는 "Babel"은 "confusion(혼돈)"을 의미할 수도 있고, "ba"("père[아버지]")와 "bel"("ville[도시]")로도 읽을 수 있기 때문에, 고유명사일 수만은 없다고 지적한다. 혼돈이면서도 아버지의 도시, 즉 하느님 아버지의 도시인 바벨.[11] 거기에는 단순한 어휘 문제와 다른 것이 있다.

에밀 벤베니스트Émile Benveniste는 유명한 소논문에서 "사고 범주"로서 아리스토텔레스Aristote의 범주들은 분명히 그리스어 범주의 거울이라고 지적했다. "아리스토텔레스는 대상objet의 속성을 정의하고자 하였다. 그는 언어적 존재만을 인정한다. 그의 고유 범주들에 의해서 언어는 언어적 존재들을 인식하고, 규정할 수 있다."[12] "Être(있다, -이다)"의 개념은 그리스어 동사에서 만들어졌으며, 다른 인도유럽어에도 존재한다. 그런데 그런 일이 일어날지 모르지만, 아리스토텔레스가 토고Togo에서 사용되는 에웨어ewe와 유사한 언어로 표현을 했다면, 벤베니스트는 어떤 의문을 가지게 되었을까? 동사 "être"는 에웨어에서 보통은 아무런 관련이 없음에도 불구하고 "nyé", "le", "wo", "fa", "di" 다섯 개 동사로 분화된다. 그것은 그리스어가 다른 구조를 따랐다면 아리스토텔레스가 지

11 Jacques Derrida, *op.cit.*, pp. 210-211.
12 Émile Benveniste, Catégories de pensée et catégories de langue, in *Problèmes de linguistique générale*, t. I, Paris, Gallimard, 1996, p. 70.

신의 철학을 구상할 수 없었음을 의미하는 것이 아니라, 그의 철학 방향이 달라졌을 것임을 의미한다. 언어에 의해 사고가 형성되는 것이다.

따라서 언어는 단순한 도구가 아니라, 사고와 표현 사이에서 자연적으로 작동하는 작용이다. 고대 그리스의 수준에서는 이러한 언어의 폭을 인식할 수 없었다. "Barbare(이방인, 미개인)"의 어원이 가리키는 것처럼, 고대 그리스는 본질적으로 단일어 "세계관"을 가지고 있었기 때문이다. "Barbare"는 외국어로 말하기 때문에 이해할 수 없는 음절을 발음하는 사람("bar-bar")이다. 그리스인들이 다른 언어와의 접촉이 없었다는 것이 아니라, 그들은 단지 그들의 언어가 다른 언어에 비해 상위에 있다고 생각했다. 더욱 근본적인 또 다른 이유는 앙드레 마르티네André Martinet[13]가 지적했던 것처럼 우리는 자신의 언어를 현실과 동일시하는 경향을 가진다는 것이다. 이것은 언어를 독립된 연구 대상으로 고려하는 학문이 등장하고, 사후 1916년에 출간된 페르디낭 드 소쉬르Ferdinand de Saussure의 《일반언어학 강의Cours de linguistique générale》로 결실이 맺어지는 것[14]을 보기 위해서는 19세기 말까지 기다릴 수밖에 없었다는 것을 설명하는 부분이다. 우리는 낯선 언어와 낯선 문화를 접촉할 때 더더욱 언어적 자민족중심주의를 의식한다. 훔볼트의 경우에는 바스크어basque 혹은 카비어kavi(말레지아-폴리네시아 언어)가 이러한 태도를 상징적으로 보여준다.

아리스토텔레스식의 구분을 수용하면서 훔볼트는 언어가 "에르곤ergon"(영어 "work"에서 발견되는 인도-유럽어 어근 "*werg" : "만들어진 작품[un

13 André Martinet, *Éléments de linguistique générale*, Paris, Armand Colin, 1980, p. 2.
14 Ferdinand de Saussure, *Cours de linguistique générale*, éd. Tullio de Mauro, Paris, Payot, 1982. 이후 *CLG*로 약기.

ouvrage fait]")이 아니라 "에네르게이아energeia"("만들어지고 있는 활동")라고 주장한다.[15] 훔볼트의 개념은 이 책의 범주를 넘어서는 상당히 인식론적이고 철학적인 함의를 가진다. 그렇지만 그 개념도 번역에 상당히 중요한 영향을 미친다.

가장 근본적인 것은 바로 다음과 같다. 원문이 이상적으로 거울에 비친 것처럼 동일하게 나타날 수 있는 "중성적"이거나 "투명한" 번역은 없다는 것이다. "번역하는" 언어 내에서 작용하는 것이 무엇이든 혹은 원문의 언어 자체에서 산출되는 것이 어떤 것이든, 바로 언어의 작업("에네르게이아")이기 때문에, 번역에서 "모방décalque"은 없을지도 모른다. 이러한 관점에서 글쓰기와 번역은 정확히 같은 차원에 속한다.

〈운문의 위기Crise de vers〉에서, 말라르메Mallarmé는 "여러 개이며, 최상이 없다는 점에서 불완전한 언어"라고 말한다. 그러고 나서, 그는 "지상에서 관용어의 다양성은 그렇지 않다면 단 하나의 자모로, 그 자체로 물질적으로 진리가 될 수도 있는 단어를 그 누구도 말하지 못하게 방해한다"라고 부언한다.[16]

따라서 우리는 번역에서 일련의 변형이 일어난다고 비난할 수는 없을 것이다. 그것이 바로 랑가주의 본질이기 때문이다.

III. 번역, 언어의 기본 작용

로만 야콥슨은 유명한 소논문인 〈번역의 언어학적 측면Aspects linguistiques

15 Wilhelm von Humboldt, *Sur le caractère national des langues et autres écrits sur le langage*, éd. D. Thouard, Paris, Le Seuil, 2000, p. 171.
16 Stéphane Mallarmé, *Œuvres complètes*, Paris, Gallimard, coll. La Pléiade, 1945, pp. 363-364.

de la traduction〉(정확한 영어 제목은 *On Translation*이다)[17]에서 그 당시에는 일반적으로 인식하지 못했던 대단히 중요한 가치를 번역에 부가한다. 그는 번역을 세 가지로 구분한다. "언어 내 번역traduction intralinguistique" 혹은 "재표현reformulation"(영어로 "rewording") 그리고 언어에서 언어로, 즉 "엄밀한 의미의 번역"에 해당하는 "언어 간 번역traduction interlinguale", 마지막으로 "비언어적 기호 체계를 사용해서 언어 기호를 해석하는 것"에 해당하는 "기호 간 번역traduction intersémiotique"이다.[18] 부차적인 현상이었던 번역이 핵심이 된다. "랑가주의 일상적인 사용자처럼 언어학자에게도 단어의 의미는 이를 대체할 수 있는 다른 기호에 의한 번역과 다르지 않다."[19]

세 번째 번역 형태는 독립적으로 연구할 필요가 있으며, 이것은 6장에서 살펴볼 것이다. 그렇지만 몇 가지는 미리 밝혀 두는 것이 좋을 것 같다. 로만 야콥슨은 자신의 예들을 예술 분야로만 국한하고 있는 것 같다. "창조적 전이"에 의해 "랑가주의 예술이 음악으로, 무용으로, 영화로, 그림으로"[20] 이행이 가능한 분야이다.

거기에는 번역 개념의 과도한 확장이 있는 것이 아닌가? 우리는 우선 이 개념이 조작적 가치를 가지고 있다고 말하려고 한다. 그래서 칸딘스키Kandinsky의 〈점 선 면Point et ligne sur plan〉은 "기호 간 번역"의 진정한 조약으로 읽힐 수 있다. "번역"이라는 용어는 다양한 예술들 사이에서의 대응, 즉 대응 도식을 만들기 위해서 반복해서 사용된다.[21]

---

17 Roman Jakobson, Aspects linguistiques de la traduction (1959), in *Essais de linguistique génénrale*, trad. Nicolas Ruwet, Paris, Éditions de Minuit, 1963, pp. 71-86.
18 *Ibid.*, p. 79.
19 *Ibid.*
20 *Ibid.*, p. 86.
21 Wassily Kandinsky, *Point et ligne sur plan* (1926), trad. S. et J. Leppien, Paris, Gallimard,

보다 근본적으로 말해서, 모든 기호체계가 본질적으로 상호기호적인 것이 아니냐고 인식하는 것 자체에 의문을 제기할 수 있다. 한 기호의 의미가 다른 기호에 의한 번역이라고 가정한다면, 이 기호가 시각적일 수 있고(문어 혹은 "기호의 언어"), 음성적일 수 있고(구어), 촉각적인 것일 수도 있으며(점사) 혹은 동시에 여러 기호체계에 속할 수 있다는 것은 중요하지 않다.

항상 문제가 되는 세 번째 형태는 중국 시를 번역할 때 분명하게 확인할 수 있다. "중국에서 예술은 서로 구분되지 않는다. 한 명의 예술가는 하나의 완전한 예술로서 시-서예-그림 세 가지 모두에 전념한다. 거기서 존재의 모든 정신적인 차원이 활용된다. 선적 운율과 공간적 형상화, 매혹의 몸짓 그리고 시각화된 말."[22]

기호를 대상으로 한 번역은 따라서 언어학에만 국한되는 것이 아니라, 더욱 넓은 영역인 기호의 연구, 즉 기호학에 속한다.

"기호학sémiotique"이라는 용어를 사용하면서 로만 야콥슨은 찰스 퍼스Charles S. Peirce의 저서에서 많은 영감을 받는다.[23] 그렇지만 야콥슨은 "기호signes", "시니피앙signifiants", "시니피에signifiés"를 언급하면서 소쉬르의 입장을 취한다.

이러한 관점에서, 1958년에 출판된 비네와 다르벨네Vinay et Darbelnet의 《프랑스어와 영어의 비교문체론Stylistique comparée du français et de l'anglais》(이후 《비교문체론VD》으로 약기)은 획기적인 것이다.[24] 실제로 이 책

1991, pp. 52-53, 116 및 이하를 볼 것.

22 François Cheng, *L'Écriture poétique chinoise*, Paris, Le Seuil, 1996, p. 15.

23 Anne Hénault (éd.), *Questions de sémiotique*, Paris, PUF, 2002를 볼 것.

24 Jean-Paul Vinay, Jean Darbelnet, *Stylistique comparée du français et de l'anglais* (1958), Paris, Didier, 1977. 이후 *VD*로 약기.

은 "과학적 분석에 기초한 첫 번째 번역 방법론"[25]이다. 현재 활용되는 대부분의 번역 교재가 이 책의 영향을 어느 정도 받고 있다고 할 수 있다. 그 저서가 획기적이긴 하지만, 시간상으로는 오래되었다. 당시의 개념에 의존하고 있는 만큼, 이후의 언어학의 발전으로 이 저서의 저자들이 한 많은 분석들은 낡은 것이 되었다고 비판을 받게 되었다. 그렇지만 나중에 살펴볼 것이지만 그들의 공헌은 결코 무시할 만한 것이 아니다.

야콥슨처럼(사실 〈번역에 대하여〉와 《비교문체론》은 같은 시기에 출간되었다), 비네와 다르벨네도 소쉬르를 원용하고 있다. 사실 《일반언어학 강의》에 번역에 관한 논의는 없기 때문에, 새로운 개념들이 만들어져야 했으며, 가장 중요한 개념들 중의 하나가 "번역 단위unités de traduction"이다.

소쉬르가 강조한 것처럼, 단위의 "구분délimitation"은 기본적인 것이다. 일반적인 관점과 달리, 구분의 기본 단위로 "단어"를 선택할 수는 없을 것이다. 그러한 개념은 실제로 언어를 단순한 "어휘집", 다시 말해서 "사물의 수만큼에 대응되는 용어 목록"[26]으로 만들어버린다. 그렇지만, "단어"의 개념은 다음과 같은 점을 고려해야만 한다. "단어로의 구분이 무엇에 근거하는지를 찾아야만 할 것이다. 정의하기는 어렵지만, 단어는 정신에 대두되는 단위이며, 언어 메커니즘에서 중심이 되는 것이기 때문이다."[27]

우리는 번역에서 단어를 따로따로 번역하지 않는다. 따라서 "단어 대 단어" 번역은 보통 불가능하다. 비네와 다르벨네에게 있어서 필수적

---

25 Inês Oseki-Dépré, *Théories et pratiques de la traduction littéraire*, Paris, Armand Colin, 1999, p. 56.
26 *CLG*, p. 97.
27 *CLG*, p. 154.

인 단위는 시니피에 차원에서는 "사고의 단위"이며, 시니피앙 차원에서는 "어휘 단위"이다. 여기에 세 가지 용어가 "등가 표현"으로 고려될 수 있기 때문에 "번역 단위"가 완벽한 대칭을 이루며 연결된다. 따라서 다음과 같은 정의가 나온다. "우리는 또한 번역 단위는 기호들의 응집성이 강해서 분리해서 번역해서는 안 되는 언술의 가장 작은 분절체segment라고 말할 수 있을 것이다."[28]

구체적인 예로 본 장에서 제사題辭로 사용한 조르주 스타이너의 인용문인 "Nimrud's tower was built of words(니므루드 탑은 단어로 건설되었다)"를 살펴보자. 이 인용구를 "번역 단위"로 분리하면, "Nimrud's tower/was built of/words"가 된다. 이를 프랑스어와 대비시키면, 동일한 분할을 볼 수 있다. "La tour de Nimrod/était faite de/mots."[29] 이러한 "분할"은 분명히 실질적인 영향을 미친다. 단위들로 분할이 되면 원문과 번역문 사이의 '관계들'*rapports*(이에 대해서는 4장에서 살펴볼 것이다. 2번째 번역 단위인 "was *built* of"와 "était *faite* de"의 번역 관계)은 특수어(혹은 "하위어hyponyme")에 의존하는 영어의 특성을 보여준다. 프랑스어는 일반어(혹은 "상위어hyperonyme")로 번역을 하면서 영어와 상반된 성격을 가진다. 다시 말해서 번역가는 "construire"("build"보다는 "faire"를 선호한다)에 대한 분석이 가능해진다. 각 언어가 고유의 세계관, 즉 현실에 대한 고유의 "분할"을 가지기 때문에, 그러한 대응들은 체계화될 수 있다. 그래서 문체적인 차원과 마찬가지로 언어적인 차원에서도 동일한 태도를 가질 수 있다. 따라서 언어 현상, 문체 현상, 번역 현상은 서로 합쳐진다.

---

28 *VD*, p. 37.

29 Jacques Vicari, *La tour de Babel*, Paris, PUF, coll. Que sais-je ?, n° 3555, 2000, p. 5의 번역 재인용.

실질적인 차원에서의 이점에도 불구하고, 이러한 태도에는 두 가지 중요한 단점이 있다. 먼저, 번역의 언어적 측면에 너무 치중되었다는 점이다. 여기서 에드몽 카리Edmond Cary의 "문학 번역은 언어 작용이 아니라, 문학 작용이다"라는 비판이 나온다.[30]

두 번째는 소쉬르의 "언어 단위" 개념이 충분히 고려되지 못했다는 데 있다. 최근에 출판된 《일반언어학 노트Écrits de linguistique générale》는 랑가주의 '차이적인'*différentiel* 영역을 인정하는 데에 중요성을 둘 뿐이다. "'차이'*différence* 이외의 것에 의존하는 '단위'(우리가 상상하는 어떤 질서와 성질을 가진 단위)는 전혀 존재하지 않기 때문에, 실제로 단위는 항상 상상의 것이며, 차이만이 존재한다."[31]

"차이 단위unité différentielle"라는 개념은 분명히 추상적이며 명확하게 설명하기 어려울 것이다. 그렇지만 롤랑 바르트Roland Barthes가 "렉시lexies"라고 부르는 텍스트 내에서의 "독서 단위unités de lecture"를 규정하는 문제에서 이 개념이 다시 등장한다. "이러한 분할은 분명히 말하지만, 훨씬 더 자의적일 것이다. (…) 렉시는 소수의 단어를 포함하거나, 몇몇 문장을 포함할 것이다."[32]

만약 번역이 바로 랑가주의 "기본적인 속성"이라면,[33] 번역은 실질적인 이유에서 단순한 단위들만을 개입시키면서 직관적인 태도로 고려될 수 있다. 그렇지만 번역은 언어의 이미지에 의해 "차이 단위"도 개입

---

30 *Comment faut-il traduire ?* (1958). Georges Mounin, *Les Problèmes théoriques de la traduction*, Paris, Gallimard, 1963에서 재인용.

31 Ferdinand de Saussure, *Écrits de linguistique générale*, éd. Bouquet, R. Engler, Paris, Gallimard, 2002, p. 83.

32 Roland Barthes, *S/Z*, Paris, Le Seuil, p. 20.

33 Claude Hagège, *La Structure des langues* (1982), Paris, PUF, coll. Que sais-je ?, n° 2006, 2001, p. 10을 볼 것.

시킨다는 점을 잊지 말아야 할 것이다. 그렇지 않았다면, 우리는 번역을 실행하고, 이를 파악하려는 태도가 역사적으로 완전히 달라질 수 있었음을 이해하기 어려웠을 것이다.

제2장

번역의 역사

번역의 역사로 고대, 중세, 르네상스, 17-18세기, 현대와 같이 여러 시대를 차례로 살펴볼 수도 있을 것이다. 그러한 방식은 자칫 각 시대를 연결하는 교차점을 간과할 위험이 있다. 따라서 엄격하게 시대별로 구분하는 것보다는 주제별로 살펴보는 것이 더 좋을 것이다. 현재의 문제들은 대부분 이전에 제기되었던 것들이다. 달라지는 것은 문제에 대한 대답이며, 바로 거기에서 번역에 관한 개념이 생겨난다.[1]

I. 정신과 문자

서양의 전통에서 실질적으로 유일한 언어였던 라틴어에서 비롯된 번역 문제는 일반적으로 두 가지 기원을 가진다. 하나는 종교 텍스트로, 특히 수호성인으로서의 성 히에로니무스의 성경 번역이며, 다른 하나는 고대 로마의 문학 텍스트 번역이다. 그리고 여기서 《훌륭한 웅변가에 관하여Libellus de optimo genere oratorum》(기원전 46)에서 "verbum pro verbo(단어 대 단어)"로 번역을 해서는 안 된다는 키케로의 경구를 생각할 수 있

---

1 Michel Ballard, *De Cicéron à Benjamin* (1992), Lille, PUL, 1995를 볼 것.

다. 이 말은 호라티우스Horace의 《시학Ars poetica》(기원전 10)에서 다시 나타난다. 둘의 시각은 서로 연관되어 있다. 키케로는 성 히에로니무스를 예고한다. 성 히에로니무스는 《훌륭한 통역가에 대하여De optimo genere interpretandi》(395)에서 "그렇다. 나에게 있어, 나는 그것을 고백할 뿐만 아니라, 아무런 어려움 없이 강하게 고백한다. 내가 그리스어를 번역할 때,—단어의 순서도 하나의 신비가 되는 성서들을 제외하고—내가 표현하는 것은 단어 대 단어가 아니라 사고 대 사고다"라고 말한다.[2] 성 히에로니무스의 구분은 번역의 관점에서 종교 텍스트와 비종교 텍스트 사이의 차이를 강조한다는 점에서 중요하다. 종교 텍스트에서는 특히 단어 대 단어로의 번역을 고려하는 것이 필요하다. 알렉산드리아에서 유대 사회의 일원이었던 필론Philon(기원전 13–기원후 54)이 권장했던 방법이다. 직역만이 성스러운 텍스트들을 훼손시키지 않을 수 있다. 성 히에로니무스가 《70인 성경》의 그리스어 번역을 비판한 것은 직역의 관점에서이다. 이 그리스어 번역은 너무나 자유로워서 히브리어로 쓰인 원문에 충실하지 않은 것으로 평가받는다. 그러나 성 히에로니무스는 엄밀한 의미의 직역도 거부한다. 그래서 필요한 경우에 "Non verbum de verbo, sed sensum exprimere de sensu(단어 대 단어가 아닌 의미 대 의미의 표현)"라는 유명한 성구에 명시된 키케로의 원칙을 차용한다. 종교 텍스트와 비종교 텍스트의 차이는 단번에 알 수 있을 만큼 명확하게 구분되는 것은 아니다.

사실 과도한 직역의 단점은 잘 알려졌다. 최초의 유럽 번역가로 알려진 리비우스 안드로니쿠스Livius Andronicus와 함께 로마인들의 번역은 기

---

2 Valery Larbaud, *Sous l'invocation de saint Jérôme*, Paris, Gallimard, 1946, p. 15에서 인용.

원전 3세기로 거슬러 올라간다. 따라서 키케로는 오랜 번역 실무의 전통에 위치한다. 키케로는 특히 그 이전에는 존재하지 않았던 이론적인 고찰에 의해 영속되고 정립되었다. 다음과 같은 말에서 번역에 대한 그만의 핵심적인 특징을 발견할 수 있다. "나는 그들을 단순한 번역가*ut interpres*가 아니라 웅변가*sed ut orator*로 생각한다. 이들은 단어와 사고의 문채文彩와 함께 자기들의 표현법을 따르고, 때로는 라틴어 규칙에 적합한 표현들을 사용한다. 따라서 나는 단어를 단어로 옮기는 것*verbo verbum reddere*이 필수적이라고 생각하지 않았다. 그렇지만 모든 단어들의 정수와 그 가치에 있어서는 나는 그것들을 보존했다. (…) 실제로 나는 독자에게 중요한 것은 독자에게 동일한 수량이 아닌 소위 말해서 동일한 비중*Non enim adnumerare sed tanquam adpendere*을 제공하는 것이라고 믿었다."[3] 키케로는 번역을 두 가지 형태로 구분한다. 먼저 우리가 엄밀한 의미에서 번역이라고 부를 수 있는 것이다. 그것은 "번역가"의 번역이다. 두 번째는 "웅변가"의 번역이다. 그것은 수사학 분야, 더 정확하게 말해서 '모방'*imitatio*의 범주에 번역의 상위 형태를 포함시키는 것이다. 현대적인 표현으로 옮긴다면 번역이 아니라 오늘날의 번안adaptation에 해당한다고 할 수 있을 것이다.

그럼에도 불구하고 그리스 세계에서 번역이 가질 수 있었던 것과는 근본적으로 다른, 로마에서 번역이 부여받은 '기능'*fonction*을 박탈하는 것일지도 모른다. 알렉산드로스 대왕 사후(기원전 323), 헬레니즘 문화의 전파가 매우 강력해서 그리스어가 지배어가 되었다. 《70인 성경》은 3세기에 알렉산드리아에서 자연스럽게 히브리어에서 그리스어로 번역

3 Henri Bornecque 번역. Inês Oseki-Dépré, *Théories et pratiques de la traduction littéraire*, Paris, Armand Colin, 1999, p. 19에서 재인용.

이 된다. 샹폴리옹이 이집트 상형문자를 해독하는 데 바탕이 되었던 로제타석은 기원전 196년에 이집트 프톨레마이오스 왕조 시대에 이집트어에서 그리스어로 번역된 것이다. 신약 성서는 이 언어로 작성되었다. 반면 예수는 아람어(같은 어족에 속하는 히브리어는 민중어였다)로 말하였다.[4] 로마도 이러한 흐름에서 벗어나지 못한다. 지식인들은 완벽하게 이개어 사용자지만, 어쨌든 처음에는 그리스어를 우선시하였다.

처음에는 철학 혹은 문학 텍스트 분야에서 비교할 만한 것이 전혀 없었기 때문에, 그리스어 문헌을 라틴어로 번역하고자 한 대대적인 시도는 로마에서 그리스어와 경쟁할 수 있었고, 그리고 그것을 넘어설 수 있었던 한 언어의 부상浮上을 위해서였다. 그 과정은 라틴어를 로마 제국의 새로운 지배어로 만들면서 수 세기 동안 이루어졌다. 그리고 그 역할은 중세 시기 전체에 걸쳐, 심지어 그 이후에도 이어질 것이다. "번안"이라는 표현은 완벽하게 구성된 문학어를 전제한다. 그리스어와 달리, 처음에 라틴어는 그렇지가 않았다.

일단 이러한 과정이 끝나자, 클로드 아제주Claude Hagège가 지적한 것처럼, "bilinguis(두 가지 언어를 말하는)"라는 표현은 중세 프랑스어에서의 의미였던 비꼬는 표현이 되었다.[5] 라틴어 때문에 그리스어는 조금씩 힘을 잃어갔다. 이러한 과정은 한 번이 아니라, 역사 속에서 수많은 사례를 찾을 수 있다. 유사한 구도를 르네상스에서 다시 볼 수 있다. 이 시기에는 라틴어가 민중어에 의해서 점차 힘을 잃었다. 프랑스에서는 고전어들을 프랑스어로 번역하거나 그리스어와 라틴어를 비롯해서 이딜

4 Claude Hagège, *Halte à la mort des langues*, Paris, Odile Jacob, 2002, chap. X, p. 255 및 이하를 볼 것.

5 *Ibid.*, pp. 173-174.

리아어 모델의 "모방"이 매우 빈번했다. 인쇄술의 발달로 이러한 현상은 더욱 가속되었다. 그래서 키케로를 계승한 사유가 《프랑스어의 옹호와 선양Défense et illustration de la langue française》(1549)에서 조아킴 뒤벨레Joachim du Bellay에 의해 개진되는 것을 볼 수 있다. 고대인들에 대한 모방이 맹목적이어서는 안 된다. 모방은 다른 언어들과 동등하거나 혹은 더 우위에 있는 프랑스어를 위해서 실행되어야 한다. 왕국의 유일한 언어로서 프랑스어를 위한 법률(빌레르-코트레 칙령, 1539)이 제정된 시기도 번역을 통해서 외국어로부터 광범위한 차용이 이루어지던 시기다. 차용은 〈시학 서설Abregé de l'art poétique〉(1565)에서 롱사르Ronsard가 서슴없이 "당신은 그리스어, 그리고 라틴어를 모방하면서 과감하게 단어들과 타협을 할 것이다"[6]라고 말했던 것처럼 직접적인 모방을 통해서 이루어진 것은 아니다.

단어 대 단어로 '옮기거나' 혹은 의미 대 의미로 '옮기는' 것에 그치는 것뿐만 아니라 의도적으로 원문을 "모방"의 틀에서 '변형시키기'도 하는 번역의 세 번째 양상은 오늘날 흔히 번역에 관한 개념에 더 이상 대응되지 않는다. 그래서 자크 아미요Jacques Amyot는 유명한 플루타르코스의 《평행적 삶Vies parallèles》의 번역에서 그리스어 "estephanoi"를 "parés de fleurs(꽃으로 장식된)"로 직역하는 대신에 "ayant chapeaux de fleurs dessus nos têtes(머리에 꽃 모자를 쓴)"라고 옮기려고 했으며, "L'âme est enfermée dans le corps comme dans un moulin qui tourne sans cesse autour du besoin de nourriture(영혼은 음식의 욕구로 끊임없이 돌아가는 방앗간처럼 몸속에 갇혀 있다)" 대신에 "L'âme de plusieurs est cachée et affublée de crainte d'avoir faute,

6 Mireille Huchon, *Le français de la Renaissance* (1988), Paris, PUF, coll. Que sais-je ?, n° 2389, 1998, p. 73 재인용.

dedans le corps, comme dedans un moulin, tournant toujours à l'entour d'une meule après la poursuite de quelque nourriture(많은 사람들의 영혼은 어떤 음식에 대한 갈망으로 맷돌을 중심으로 돌아가는 방앗간처럼 잘못에 대한 두려움으로 몸속에 숨겨지고 치장된다)"라고 번역한다.[7] 이러한 변형은 하나의 논리를 따르는데, 앙투안 베르만Antoine Berman이 르네상스의 "번역 목표visée traductive"라고 부른 것이다. 이 경우에는 "언어와 민족 문화에 병합시켜야 하는 일종의 '보물'로서 고려된 원문의 적절한 명시화와 번안"[8]이다. 따라서 다양성 속에서 번역을 이해하기 위해서는 "단어"를 "의미"와 대비시키는 것으로 충분하지 않다.

II. 불충한 미녀

프랑스어가 명성에서 라틴어와 그리스어에 상응하는 지위를 가졌다는 중요한 차이를 제외하면, 같은 시기에 영국에서도 비슷한 상황이 전개되었다. 많은 프랑스어 텍스트들이 번역되었다. 몇몇은 신기원을 이루었다. 18권으로 된 《케임브리지 영미 문학사The Cambridge History of English and American Literature》(*CHEAL*)(엘리자베스 여왕 시기를 기술하고 있는 4권은 번역의 문제에 두 개의 긴 장章을 할애하면서 시작한다. 그만큼 번역의 영향은 크다)[9]에서 확인할 수 있듯이, 1603년에 존 플로리오John Florio에 의한 몽테

---

7 Antoine Berman, L'accentuation et le principe d'abondance en traduction, In revue *Palimpsestes*, n° 5, éd. P. Bensimon, B. Vautherin, Presses de la Sorbonne Nouvelle, 1991, p. 14에서 차용한 사례.

8 *Ibid.*, p. 12.

9 Ward et Trent *et al.*, *The Cambridge History of English and American Literature*, New York, G. P. Putnam's Sons, 1907-1921; New York, Bartleby.com, 2000 (www.bartleby.com/cambridge/).

뉴Montaigne의 《에세Essais》 번역이 바로 그런 경우이다. 존 플로리오가 몽테뉴 텍스트에서 한 변형은 아미요가 플루타르코스의 번역에서 했던 것을 떠올리게 한다. "Je n'y vauls rien(나는 아무런 가치가 없다)"을 옮기기 위해서 플로리오는 "I am nothing worth"라는 등가를 사용한다. 그렇지만 "and I never can fadge [="do"] well(그리고 나는 결코 잘 할 수 없다)"을 덧붙인다. "Soufflet"의 경우는 언어 확장이 나타나는 시대의 특징을 예증하는 "whirret [="blow"] in the ear"를 필요로 한다(플로리오는 《풍성함에 대하여De copia》에서 에라스무스가 찬양하는 《단어들의 세계A Worlde of Wordes》라는 의미심장한 제목을 가진 이탈리아어-영어 사전으로도 유명하다).[10]

그렇지만 엘리자베스 시대에서 가장 유명한 번역은 이 작품이 아니다. 더 오래전에 토머스 노스Thomas North가 번역한 플루타르코스의 《그리스 귀족과 로마 귀족의 삶Lives of the Noble Grecians and Romans》(1579)이다. 로마 작품들(〈율리우스 시저Jules César〉, 〈안토니우스와 클레오파트라Antoine et Cléopâtre〉, 〈코리올라누스Coriolan〉)과 〈아테네의 타이먼Timon d'Athènes〉에서 셰익스피어Shakespeare(모략가들은 그가 라틴어뿐만 아니라 그리스어도 제대로 알지 못했다고 비난했다)는 이 번역서에 영감을 받았다. 그리스어를 제대로 알지 못한 노스는 아미요가 번역한 플루타르코스의 《영웅전Vies parallèle》을 번역했다. 실질적으로 그 시대는 라틴어나 하물며 그리스어에 비해서 프랑스어는 오래전부터 가장 잘 알려진 언어였다. 따라서 프랑스어는 고전주의자들이 영국의 언어와 문학 속으로 침투해 들어갈 수 있는 "대로大路"였다("이 길을 통해서 많은 고전주의 작품들이 우리의 언어와 문학으로 넘어왔다").[11] 노스에게는 아미요의 번역이 원작의 역할을 하였다. 게다가

10 Anotine Berman, L'accentuation et le principe d'abondance en traduction, *op. cit.*, p. 12.

아미요의 텍스트는 전범典範의 가치를 가졌다. 이것은 번역어의 시각에서 몽테뉴가 강조한 부분이다. "내가 보기에 모든 프랑스 작가들 중에서 아미요에게 상을 주는 것은 당연하다. (…) 만일 이 책이 진흙탕에서 우리를 구해주지 않았다면, 우리 무지한 동료들은 길을 잃었다. 그의 자비로 이제 우리는 감히 말하고 쓸 수 있다. 부인들은 학교 선생님에게 읽어줄 수 있다. 그것은 우리의 지침서다"(《에세》, 2권 4장). 노스의 번역은 분명히 문학 작품의 자격을 받을 만하다. 왜 셰익스피어가 이 작품에서 자신의 고유한 단어들을 차용했는지를 이해할 수 있는 부분이다.

보다 일반적으로 말해서, 이 시기에는 오늘날 우리가 원문과 번역문 사이에 그리고 원저자와 번역가 사이에 만든 장벽들이 완벽하게 소멸하였다고 말할 수는 없지만, 훨씬 더 유동적이었다. 르네상스의 핵심적인 개념인 "전유appropriation"[12]는 영국에서 극단적인 수준에 이르렀다. 영국에서 전유는 드레이크Drake나 호킨스Hawkins와 같이 엘리자베스 여왕 시대의 항해사들에게 정복 정신뿐만 아니라 가장 권장할 수 없는 방법들을 심어주었던 것 같다. 그래서 그 어떤 불충실성에도 주저하지 않고 제멋대로 변형하거나, 저자로 자처하면서 자신의 것인 것처럼 타인의 작품을 거침없이 빼앗았던 것 같다. 그런 경우가 너무 비일비재해서 찰스 휘블리Charles Whibley는 당당하게 "엘리자베스 시대의 사람들은 표절을 추악한 범죄로 생각하지 않았던 것 같다. 만일 그랬다면, 죄를 짓지 않은 사람이 누가 있겠는가?"[13]라고 말한다. 오히려 그들은 로마인들의 예를 원용

---

11 Charles Whibley, *CHEAL*, vol. IV, 1, p. 9.

12 Mireille Huchon, *op.cit.*, p. 119

13 « (…) the Elizabethans do not seem to have regarded plagiarism as a heinous sin. If they had, who would have escaped condemnation? » (Charles Whibley, *CHEAL*, vol. IV, 1, p. 28)(저자 역).

하면서 그러한 행동을 정당화한다. 니콜라스 그리말드Nicholas Grimald는 자신이 한 키케로의 《의무론De Officiis》 번역에 대해서, 이 번역은 자신에게 있어서 테렌티우스Térence와 플라우투스Plaute의 그리스어 희극 번역과 같다고 단언하다.[14] 엘리자베스 시대의 수많은 소네트들이 이런 식으로 와이어트Wyatt, 로지Lodge, 스펜서Spencer를 비롯한 많은 사람들에 의해 '만들어'졌으며, 이에 대해 그 누구도 불만을 나타내지 않았다. 그래서 그렇게 번역하고 아무런 벌도 받지 않고 반역을 할 수 있었을 것이다.

18세기에 "표절plagiat"이라는 말은 경멸적인 의미만을 가졌다. "다시 말해서 독창성이 문학적 가치가 되는 시기이다."[15] 실제로 모방, 번역 그리고 차용 사이의 경계는 시대에 따라서 달라진다. "불충실성"은 완전히 상대적인 개념이다. 이 분야에서 번역가들이 어떤 원칙도 제시하지 않았다는 것이 아니다. 오히려 정반대이다. 르네상스 시대에 1세대 번역 이론가 중 한 명이 에티엔 돌레Étienne Dolet이다(1540년 돌레에 의해 프랑스어에 "traduction"이라는 단어가 등장한다). 원문에 대한 자율성이 어떤 것이든 그 시대의 번역들이 모두 동등한 가치를 가진다는 것은 아니다. 반면, 그 시대의 "번역 목표"(베르만)와 비교하면, 번역은 충실한 것이었다. 그래서 채프먼Chapman은 "만일 내 모국어가 고리대금업자였다면, 자기를 풍성하게 만든 나에게 감사해야 했을 것이다"[16]라고 선언하면서 자신의 〈일리아드〉와 〈오디세이〉 번역을 옹호한다. 몽테뉴가 아미요를 칭송한 것처럼, 키츠Keats는 1816년에 쓴 시 〈채프먼의 호메로스를 처음 읽고 나서On first looking into Chapman's Homer〉에서 호메로스의 "domaine(demesne,

14 Charles Whibley, *CHEAL*, vol. IV, 1, p. 28를 볼 것.
15 Sophie Rabau, *L'intertextualité*, Paris, Flammarion, 2002, p. 237.
16 Charles Whibley, *CHEAL*, vol. IV, 1, p. 26 재인용.

넓은 땅)"와 그의 "sereine pureté(its pure serene, 순수한 공기)"를 깨우쳐준 채프먼의 번역에 찬사를 보낼 것이다. 실제로 그 시대의 번역에서 우리가 볼 수 있는 것은, 바로 눈앞에서 펼쳐지는 엘리자베스 시대의 영어이다.

르네상스 시대에 다른 국가들처럼 프랑스에서도 번역에 대해서 같은 말을 할 수 있다. 다음과 같은 표현으로 아미요가 말했던 원칙의 결과이다. "순수한 번역가의 역할은 (…) 작가의 문장을 충실하게 옮기는 것뿐만 아니라 작가의 문체 형식과 말하는 방식도 존중해야만 한다."[17] 누구도 이보다 더 명료하게 말할 수 없을 것이다. "충실성"은 필수적이지만 충분하지 않다. 거기에 아름다움을 입혀야 한다. 그렇지 않으면 번역은 "문학belles-lettres"이 아니라고 비난받을 것이다.

문학어의 진실은 언어 자체의 진실이기도 하다. 실제로 번역은 가장 많은 사람이 이해할 수 있도록 한다. 에라스무스는 성경이 번역되기를 소망했던 첫 번째 사람이고, 루터는 첫 번째 위대한 장인이 될 것이다. 실제로 루터는 "이 어리석은 사람들이 하는 것처럼 독일어를 말하는 방식을 물어봐야 하는 대상은 라틴어 단어들이 아니라, 바로 집에 있는 어머니, 거리의 아이들, 시장 광장의 일반 사람들이다. 그들이 어떻게 말하는지 입을 통해서 읽으면서 독일어의 말하는 방식을 물어보아야만 한다. 그리고 그것에 따라서 번역해야만 한다. 그렇게 해야만 그들이 자신들에게 말하는 독일어를 이해하고 납득할 것이기 때문이다"[18]라고 단정한다. 루터의 성경 번역은 그 이상을 지향했다. 그의 번역은 독일어의 탄생 과정을 표상한다. 그것은 이탈리아어를 위해서 단테Dante가 한 것이다.

---

17 Edmond Cary, *Les grands traducteurs français*, Genève, Georg, 1963, p. 17 재인용.
18 Henri Van Hoof, *Histoire de la traduction en Occident*, Paris, Duculot, 1991, p. 214 재인용.

《속어론De vulgari eloquentia》(1303-1305)에서 그리고 자신의 작품을 통해서 "민중어langue vulgaire"로 된 표현에 관한 변명을 하는 단테와 달리, 루터는 번역을 통해서 독일어를 만들어낸다. 성경이어서 라틴어 작품들의 '모방'*imitatio*이 전제하는 "창조invention" 부분이 제대로 자리잡지 못하는 것은 분명하다. 그 시대에 신성한 말을 "변형하는" 것은 의문의 여지없이 화형을 당할 만한 일이다. 그래서 에티엔 돌레는 1546년에 파리 모베르 광장에서 교수형을 받고 화형을 당한 것으로 알려졌다. 따라서 직역이 그 무엇보다도 우선된다고 생각할 수도 있다. 중세 시대 대부분 가장 빈번했던 번역 형태는 종교 텍스트였다. 그렇지만 비종교 텍스트도 마찬가지였다. 르네상스는 그런 직역들이 우아함을 잃었기 때문에 반대 입장을 취한다.[19] 루터는 "문자는 사람을 죽이고, 영은 사람을 살립니다"(고린도후서, 3장 6절)라는 사도 바울Saint Paul의 교훈을 무시하지 않았기 때문에, "직역" 번역은 성 히에로니무스의 경우처럼, 엄밀한 단어 대 단어 번역이 될 수 없었던 것 같다. 실제로 루터는 1530년에 "나는 너무 자유롭게 문자와 떨어지지 않았다. 그렇지만 구절을 살펴보면서 너무 자유롭게 멀어지지 않은 채, 가능한 한 이 문자들 가까이에 있으려고 심혈을 기울였다. (…) 나는 단어에서 멀어지기보다는 차라리 독일어를 훼손시키는 것을 선호했다."[20] 이것은 《흠정역 성서》의 영어에서 다시 나타나는 부분들이다.

1611년에 발간된 《흠정역 성서》는 사실 윌리엄 틴들William Tyndale(1536년에 피신처였던 안트베르펜에서 이교도로 화형을 당했다)의 작품이다. 루

19 Inês Oseki-Dépré, *Théories et pratiques de la traduction littéraire*, Paris, Armand Colin, 1999, p. 23을 볼 것.
20 Michel Ballard, *De Cicéron à Benjamin*, p. 143을 볼 것.

터처럼 그도 모든 사람이 이해하기를 원했다. 그래서 위클리프Wyclif가 1388년에 출판한 최초의 영어 성경을 위해 한 것처럼 《불가타》를 번역하기보다는 히브리어와 그리스어 원문 성경을 참조한다. 틴들은 영어가 라틴어보다는 그리스어와 더욱 일치한다고 생각한다. 히브리어는 '더더욱' 그렇다. 따라서 "여러 부분"에서 히브리어를 영어로 "단어 대 단어"로 번역하는 것으로 충분하다.[21] 앵글로-색슨 언어와 문학에 대한 《흠정역 성서》의 파급력은 상당하다. "《흠정역 성서》가 전 국민에게 미친 영향력은 대단하다. 압축된 산문체, 그렇지만 라틴어 문어보다는 구어에 더 가까운 문체, 여기저기의 오류가 특이하고 신비스럽게 만든 이미지의 풍성함은 삶이 일상적인 독서로 자주 리듬을 가지게 되는 국가에서 상상의 산물들을 특징지을 것이다."[22] 그 결과, 국왕 제임스 1세에 의해 "공인된" 성경은 영어 문학의 기념비가 된다.

르네상스를 벗어나면, 필요에 따라 가장 충실한 번역조차도 아름다움의 덕목을 가진다. 17-18세기에 번역은 미학적인 고려를 우선시한다. 실제로 언어와의 관계는 더 이상 같지 않다. 프랑스에서 아카데미 프랑세즈가 창립되고(1634), 프랑스어를 정리하고 감독하는 말레르브Malherb를 이어서, 보줄라Vaugelas는 《프랑스어 노트Remarques sur la langue française》에서 어떤 것이 프랑스어의 "올바른 어법bon usage"인지를 규정한다.[23] 따라서 번역이 고전적인 취향에 순응하고 "불충실한 미녀Belles Infidèles"가 되는 것을 보는 것은 그리 놀라운 일이 아닐 것이다.[24] 1637년에 아

21 Albert S. Cook, *CHEAL*, vol. IV, 2, p. 53 재인용.
22 André Maisonneuve, Littérature anglaise, in *Histoire des littératures*, vol. II, éd. R. Queneau, Paris, Gallimard, coll. La Pléiade, 1968, p. 374.
23 Claude Hagège, *Le français, histoire d'un combat*, Paris, Le Livre de poche, 1996, p. 57 및 이하를 볼 것.
24 Roger Zuber, *Les Belles Infidèles et le goût classique*, Paris, Albin Michel, 1968을 볼 것.

카데미 프랑세즈의 회원이 된 니콜라 페로 다블랑쿠르Nocolas Perrot d'Ablancourt는 비록 자신의 번역이 "엄밀한 의미의 번역"에 해당하지 않는다고 생각하면서도 번역을 통해서 라틴어, 그리스어 혹은 스페인 작가들을 변형시킨다. "그것이 번역보다 더 가치 있고, 그리고 고대인들이 다른 식으로 번역하지 않았기" 때문이다.[25]

불충실한 미녀의 시대에, 르메스트르Lemaistre처럼 텍스트에 대한 충실성을 지지하는 사람들도 존재한다. 그들은 다음과 같은 규칙을 만들었다. "프랑스어 번역에서 지켜야 할 첫 번째 것은 바로 지극히 충실하고 직역이어야 한다는 것이다. 다시 말해서 라틴어에 있는 모든 것을 우리의 언어로 표현하고, 예를 들어 키케로가 우리의 언어로 말했다면, 그는 우리가 우리의 번역에서 그에게 말하라고 시킨 것처럼 말할 수 있도록 옮기는 것이다."[26] 충실성과 직역은 고전어의 양식에 따른다. 앞선 세기처럼 번역은 프랑스어를 "풍성하게" 하고, 이후에 프랑스어가 우아함의 최고 모델 수준으로 올라선다는 것은 의문의 여지가 없다.

직역 신봉자들과 "자유" 번역 신봉자들 사이의 골은 점점 더 깊어져서 18세기에 다시에 부인Mme Dacier과 앙투안 우다르 드 라 모트Antoine Houdar de la Motte가 대립한 논쟁으로 이어질 정도였다. 이 논쟁은 훗날 제2차 신구논쟁으로 불리게 된다.[27] 우리는 글자든 혹은 더 넓은 차원에서든 호메로스를 따르는 우다르 드 라 모트를 비난하기는 어려울 것이다. 그의 《프랑스어 운문으로 된 일리아드Iliade en vers français》(제1편은 1701년에 출판되고, 나머지는 1714년에 간행된다)는 불필요하고 적절하지 못

---

25 P. Horguelin, *Anthologie de la manière de traduire. Domaine français*, Montréal, Linguatech, 1981, p. 94 재인용.

26 Inês Oseki-Dépré, *op.cit.*, p. 33 재인용.

27 George Mounin, *Les Belles Infidèles* (1955), Lille, PUL, 1994를 볼 것.

하다고 판단되는 글을 삭제하는 등 24개의 시편을 12개로 줄이면서 호메로스 텍스트를 과감하게 잘라낸다. 더욱이 그는 자신의 주장에 대한 비판을 소개하는 것도, 특히 에피소드의 내용이나 구조를 수정하는 것도 주저하지 않는다.[28] 우다르 드 라 모트는 산문으로 된 다시에 부인의 번역과 같은 "축자"역과 "단순 (축자)역과 환언paraphrase 사이에서 중도를 지키는"[29] "우아한 모방"을 구별한다. 그에 따르면, 호메로스는 고전 규범에서 너무나 벗어나 있어서 다른 식으로 "번역되어야" 한다.

비교를 위해서 만일 다시에 부인의 번역이 큰 문제 없이 더 직역인 것으로 인정될 수 있다고 하더라도, 완전히 그렇다고는 할 수 없다. 아래와 같은 제3편의 글(파리스Paris와 헬레네Hélène 사이의 장면)처럼 르콩트 드 릴Leconte de Lisle의 번역(1867)과 다시에 부인의 번역을 비교하는 것으로 충분히 알 수 있다.

Viens ! Couchons-nous et aimons-nous. Jamais le désir ne m'a brûlé ainsi même lorsque naviguant sur ma nef rapide, après t'avoir enlevée de l'heureuse Lake daimön, je m'unis d'amour avec toi dans l'île de Kranaé, tant que j'aime maintenant et suis saisi de désirs. Il parla ainsi et marcha vers son lit, et l'épouse le suivit, et ils se couchèrent dans le lit bien construit. Leconte de Lisle.*	Et ne pensons plus qu'aux plaisirs... À l'île de Kranaé, vous voulûtes bien consentir à me prendre pour mari... Et me parlant ainsi, il se leva pour aller dans une autre chambre, et Hélène le suivit. Mme Dacier.**

28 Gérard Genette, *Palimpsestes. La littérature au second degré*, Paris, Le Seuil, 1982, p. 442 및 이하를 볼 것.
29 *Ibid.*, p. 443 재인용.
* Inês Oseki-Dépré, *op.cit.*, p. 17 재인용.
** *Ibid.*

만일 다시에 부인의 변형이 오늘날에는 너무 낯설게 보이거나, 우다르 드 라 모트의 변형이 너무 과도하게 느껴진다면, 그것은 이 변형들이 엄밀한 의미에서 번역이 아닌 차용으로 고려되기 때문일 것이다. 이후에 작품 자체를 훼손할 수도 있기 때문에 우리가 번역을 통해서 호메로스에게서 나타나는 소위 센스 없는 부분들을 "미화하고embellir" "수정하려는" 생각을 하지 못하게 하면서, 이제 두 영역의 경계선은 변한다.

III. 현대 시대

1680년에 《오비디우스의 서한Ovid's Epistles》 서문[30]에서 드라이든Dryden은 모방을 거부하고 완전히 현대적인 번역 개념을 제시한다.

드라이든은 번역을 세 가지 형태로 구분한다. 첫 번째는 직역이다(그는 "métaphrase[직역]"라고 부른다). 두 번째는 엄밀한 의미의 번역이다(처음에는 "paraphrase[환언]"이라고 했으나, 베르길리우스Virgile 번역에서 1697년 서문에 단순히 "traduction"이라고 하였다).[31] 세 번째는 "모방"이다(이후에 "paraphrase"라고 하였다).

드라이든은 호라티우스와 그의 "nec verbum curabis reddere, fidus interpres(단어는 충실한 번역가를 만들지 않는다)"에 따라서 직역을 거부한다. 그는 로스커먼Roscommon의 번역("Nor word for word too faithfully translate[단어 대 단어로의 너무 충실한 번역은 안 된다]")를 인용하는데, 이 자체가 최상

---

30 Dryden, Preface to *Ovid's Epistles*, in *Dryden. A Selection*, éd. John Conaghan, Londres, Methuen, 1978, pp. 569-574.

31 George Steiner, *Après Babel. Une poétique du dire et de la traduction*, trad. Lucienne Lotringer, Paris, Albin Michel, 1978(*After Babel. Aspects of Language and Translation*, Oxford, OUP, 1975), p. 241을 볼 것.

의 진정한 번역 방식이 무엇인지를 예증한다. 두 번째 형태는 단어보다는 의미에 집중하는 것이다.

모방은 단어나 의미에 상관없이 자유롭게 하는 것이다. 그렇지만 "만일 작가(들)이 (…) 그렇게 취급받는다면, 우리는 여전히 그들의 작품에 관련된다고 말할 수는 없을 것이다". 그것은 "다른 누군가에 의해 창작에 가까운 새로운 어떤 것"[32]으로 원문을 대체하는 것이 되기 때문이다.

그것은 불충실한 미녀에 사형선고를 하는 것이다.

실제로 관점의 전환이 점차 나타난다. "문학 텍스트의 소유 문제, 예술적 창조에서 개성individualité과 독창성의 중시는 18세기 말로 이어지는 낭만주의 미학에 속한다."[33] 그 결과 모방은 아무리 줄어들었다고 하더라도 몽테스키외Montesquieu가 《페르시아인의 편지Lettres persancs》에서 "번역은 한 조각의 금과 같은 가치를 가지는 구리 동전과 같은 것이나. (…) 그러나 그것은 항상 약하고, 품질이 좋지 못하다"[34]라고 조롱하는 위장僞裝travestissement처럼 보인다. 그것은 셰익스피어의 시대에 채프먼이 사용한 번역을 통한 언어의 극한의 풍부화enrichissement usuraire라는 은유를 뒤집는 것이다. "원작"에 비해 번역 텍스트를 과소평가하는 것이다.

시계추의 움직임은 모방의 방향으로 완성되었다. 그 움직임은 직역의 시대인 19세기에 반대 방향에서 똑같이 그렇게 될 것이다. 가장 주목할 만한 모방은 1836년에 샤토브리앙Chateaubriand이 번역한 밀턴의 《실락원Paradise Lost》이다. 샤토브리앙은 〈주석Remarques〉에서 "정확하게 말하면 내가 시도한 것은 직역이다. 어린이나 시인이 마치 눈앞에 펼쳐진

32 Dryden, *op.cit.*, p. 572(저자 역).
33 Sophie Rabau, *op.cit.*, p. 145.
34 Lettre CXXVIII, Inês Oseki-Dépré, *op.cit.*, p. 35 재인용.

사전처럼 한 행씩 한 단어씩 텍스트를 따라갈 수 있는 번역이다"[35]라고 부언하면서 "우아한" 번역을 하는 것을 거부한다고 말한다. 이 이상 명시적일 수 없을 것이다.

"나는 유리창으로à la vitre 밀턴을 모사했다"라고 놀라운 말을 한다. 그렇지만 그것이 샤토브리앙이 주장하고 있는 것처럼 진정으로 "단어 대 단어" 번역에 해당하는가? 대답은 그렇지 않다는 것이다. 원문에서 발췌한 "His spear, to equal which the tallest pine,/Hewn on Norwegian hills to be the mast/Of some great ammiral, were but a wand,/He walk'd with to support uneasy steps/Over the burning marle (…)"와 샤토브리앙의 번역인 "La lance de Sata (près de laquelle le plus haut pin scié sur les collines de Norwège pour être le mât de quelque grand vaisseau amiral, ne serait qu'un roseau) lui sert à soutenir ses pas mal assurés sur la marne brûlante (…)"[36]를 비교해 보면 충분히 이해할 수 있다. 사전을 가지고 있는 어떤 사람의 입장에서 단어 대 단어 번역은 "Sa lance, pour égaler laquelle le plus haut pin/Sicé sur les novégiennes collines pour être le mât/De quelque grand amiral, ne serait qu'une baguette,/Il marchait avec pour supporter ses malaisés pas/Sur la marne brûlante (…)"가 될 것이다.

샤토브리앙의 번역은 단어 대 단어의 기계적인 번역을 훨씬 넘어선 것으로, "가장 세심한 직역성 덕분에" 르콩트 드릴Leconte de Lisle이 이후에 한 〈일리아드〉와 〈오디세이〉 번역과 거의 비슷하다.[37] 실제로 그들의 시도는 괴테가 《서동시집Divan occidental-oriental》(1819)에서 구별짓고, 가

---

35 Antoine Berman, Chateaubriand traducteur de Milton, in A. Berman *et al.*, *Les tours de Babel*, Mauvezin, Trans-Europ-press, p. 115 재인용.
36 George Steiner, *op.cit.*, pp. 295-296 재인용.

장 상위의 것으로 고려했던 세 번째 형태의 번역에 속한다.

독일 낭만주의 시대에 번역은 고대 시대에 로마에서 혹은 르네상스 시대에 서양에 알려진 것에 비견할 만한 역할을 한다.[38] 괴테는 번역을 세 가지 종류로 구별한다. 첫 번째는 텍스트가 원어에 있는 그대로의 모습으로 옮기는 것이다. 루터가 성경을 번역하면서 했던 것이다. 두 번째는 프랑스식의 우아한 번역처럼 텍스트가 수용 문화의 언어로 쓰인 것처럼 보이도록 하는 것이다. 번역이 원문을 대체한다. 독일에서는 빌란트Wieland가 가장 완벽한 예이다. 세 번째는 앞선 두 경우가 합쳐진 형태이다. 거기서 번역은 더 이상 원문을 "대신"("anstatt")하는 것이 아니라, 번역어에서 고유의 위치("an der Stelle")를 차지한다. 따라서 이것은 한 언어의 원문에서 다른 언어로 전이하는 것을 허용한다. 그래서 두 언어 사이의 교차, 즉 제3의 것tertium quid이 나타난다. 샤토브리앙도 같은 방식으로 번역을 한다. 그는 "Many a row/Of starry lamps (…) yielded light/As from a sky"(권 I, 727–730)를 "Plusieurs rangs de lampes étoilées... émanent la lumière comme un firmament"[39]으로 번역한다. "하늘이 '빛을 발산하지 않고', 빛은 '하늘에서 발산되지 않는다'는 것을 분명하게 인식하면서 말이다. 그러나 그렇게 번역을 하면, 이미지는 어떻게 될 것인가? 어쨌든 여기서 독자는 영어의 정수로 빠져든다."[40] 따라서 괴테에게 번역은 원문과 "동일한 것"이 될 수 있다.

괴테에 따르면, 번역의 세 번째 형태는 가장 이상적인 것이지만, 독

---

37 Robert Larose, *Théories contemporaines de la traduction*, Silley, Presses de l'Université du Québec, 1989, p. 9 재인용.

38 Antoine Barman, *L'épreuve de l'étranger. Culture et traduction dans l'Allemagne romantique*, Paris, Gallimard, 1984를 볼 것.

39 George Steiner, *op.cit.*, p. 295 재인용.

40 *Ibid.*, p. 295 재인용.

자에게는 이국적인 어투에 대한 반감으로 강한 거부감을 불러올 수도 있다. 요한 하인리히 포스Johann Heinrich Voss의 《오디세이》(1781)와 《일리아드》(1793) 번역은 위대한 번역으로 평가받기 이전에 처음에는 회의적으로 받아들여졌다. 다른 예를 들면 한층 더 직역이었던 횔덜린Hölderlin의 번역은 20세기가 되어서야 정당한 가치를 인정받았다. 로마 혹은 르네상스 시기처럼, "직역"은 "이국성Étranger을 통해서 고유성Propre을 비옥하게"[41] 만들면서 독일의 언어, 문학, 문화를 풍부하게 만드는 수단으로 여겨졌다.

로베르 라로즈Robert Larose는 "20세기에 이르러서야 무냉Mounin이 채색 유리잔(직역)과 투명 유리잔(의역)으로 부르는 것들을 고려하게 될 것이다. '문자는 죽고, 정신은 살아있다'라고 볼테르Voltaire는 말했다. 실제로 20세기는 앞선 시기의 직역주의에 대한 정신의 승리를 알린다"[42]라고 총평을 한다. 오늘날 이에 대해서 어떻게 생각하는가? 그러한 주장을 분명 신중하게 생각할 필요가 있을 것이다.

무엇보다도 20세기에 그리고 오늘날에도 여전히 우리는 앙투안 베르만, 앙리 메쇼닉 혹은 자클린 리세Jacqueline Risset처럼 독일 낭만주의 계열에서 "직역주의"의 지지자를 볼 수 있기 때문이다. 그리고 에즈라 파운드Ezra Pound, 옥타비오 파스Octavio Paz, 하롤도 데 캄포스Haroldo de Campos, 예핌 에트킨트Efim Etkind와 같은 번역가들(흔히는 이론가들)은 번역을 문학적 "재창조"의 형태로 고려하면서, 드라이든의 의미로 "모방"의 범주에 포함시키기 때문이다.

승리가 있다면, 신중하게 판단하더라도 그것은 명백히 "이국성"에

---

41 Antoine Berman, *L'épreuve de l'étranger*, p. 16.
42 Robert Larose, *Théories contemporaines de la traduction*, p. 9.

대한 "고유성"의 승리이다. 번역은 미국이나 영국에서 출판된 서적 중에서 단지 2-4%만을 차지한다. 반면에 프랑스에서는 8-12%, 독일에서는 대략 14%, 이탈리아에서는 25%에 이른다. 그렇지만, 영어는 제2차 세계대전 종전 이후로 세계에서 가장 많이 번역된 언어이다. 불균형은 명백하다.[43] 앵글로-색슨 세계에서 번역(다른 곳에서 적다고 하더라도, 그것이 주된 경향이다)이 독자들에게 자신이 읽고 있는 것이 처음부터 번역어로 쓰인 것이라는 인상을 주어야만 하는 가독성과 우아함의 규범에 따른다는 점에서 여전히 심각하다. 이 "투명성"은 또한 다른 문화를 희생시키는 자민족중심주의의 일관된 노력을 굳건하게 만든다. 번역은 세계화의 시대에서 아무에게나 맡길 수 없는 문제이다.

반면에 우리가 기뻐할 수 있는 승리가 존재한다. 20세기에 진정한 번역 이론들이 처음으로 나타난다. 그 영향은 매우 다양한 국가에서 확산되고 있다. 따라서 우리는 번역과 이에 대한 쟁점들을 이해하기 위한 준비가 잘 되어있다.

43 Lawrence Venuti, *The Translator's Invisibility*, Londres, Routledge, 1995, pp. 12-14를 볼 것.

제3장
번역 이론

현대 시대에, 번역은 고유한 이론을 가지고 있다. 문학이나 언어학과 마찬가지로, 여러 이론이 존재한다. 이 이론들을 개별적으로 살펴보기보다는 주제별로 소개하고자 한다.

I. 원천주의자와 목표주의자

번역서를 보면, "-에 의한 이탈리아어 번역" 혹은 "헝가리어 번역" 등과 같은 언급이 있는 것을 자주 보게 된다. 실제로 하나의 언어에서 다른 언어로 번역이 이루어진다(때로는 같은 언어이지만, 시대가 다른 경우도 있다. 〈롤랑의 노래[Chanson de Roland]〉는 고대 프랑스어를 알지 못하는 독자를 위해 현대 프랑스어로 번역해야만 했다). 그래서 20세기에 "출발어"(영어로 source language, 프랑스어로 langue source 혹은 langue de départ)와 "도착어"(영어로 target language, 프랑스어로 langue cible 혹은 langue d'arrivée)와 같은 용어들이 생겼다.

번역학 이론서에서, 여러 도식을, 때로는 매우 복잡한 도식을 보게 되는데, 이 도식들은 사실상 다음과 같은 기본 공식에서 출발한다.

출발어 → 도착어

화살표는 번역을 구성하고 이 단어의 어원("traduire[번역하다]" = "conduire[이끌다]" [라틴어 *ducere*], "다른 쪽으로 이끌다" ["trans"])이 가리키는 언어 이동을 상징한다. 그렇다고 해서 글자와 정신 사이의 대립이 사라진 것은 아니다. 대립은 언어의 문제로 초점이 맞춰진다. 한편으로 "원천주의자sourcier", 다른 한편으로 "목표주의자cibliste"의 문제이다. 전자는 "출발 텍스트"를 우선시하며, 후자는 "목표 텍스트"에 주목한다(혹은 "원천 문화"와 "목표 문화" 등).[1] 극단적으로 말하면, 원천론자의 관점은 절대적 투명성transparence absolue을 지향한다. "나는 번역을 너무나 투명해서 번역되어진 것처럼 보이지 않는 텍스트를 내놓으려는 시도로 생각한다"(노만 샤피로Norman Shapiro).[2]

출발어 구조가 그대로 드러나는 것은 미숙함, 게다가 도착어의 언어 능력이 부족한 것으로 인식된다. 교수자는 학생들에게 외국어(도착어)에 대한 모국어(출발어)의 "간섭interférence"의 흔적이 점차 없어지도록 가르쳐야만 한다. 그래서 번역의 우아함은 보줄라의 의미로 "올바른 사용"과의 조화에 있다라는 드라이든의 쟁점이 다시 부각된다. 문외한이 어떻게 다르게 할 것인지를 생각할 것인가?

하지만 편의상 구분한 "목표주의자"와 "원천주의자"의 단순한 대립이 불충분한 것으로 보이는 증거로서 다른 방식의 번역을 권장했던 샤토브리앙이나 괴테가 부족한 언어 능력을 가지고 있었다고 주장하는 것은

---

1 Jean-René Ladmiral, Sourciers et ciblistes, *Revue d'esthétique*, n° 12, Toulouse, Privat, 1986, pp. 33-42 참소.

2 Lawrence Venuti, *op. cit.*, p. 1 재인용: "La traduction consiste selon moi à produire un texte d'une transparence qu'il ne semble pas avoir été traduit"(프랑스어 역).

무모한 일일 것이다.

단 하나의 진정한 번역 형태만이 존재할 것이라고 가정할 필요가 없기 때문이다. 1813년에 출간된 유명한 저서인, 《번역의 다양한 방식Über die verschiedenen Methoden des Übersetzens》에서, 프리드리히 슐라이어마허Friedrich Schleiermacher는 번역 방식을 두 가지로 구분하고 있다. "번역가는 작가를 가능한 한 침묵하게 하고 독자가 그를 만나도록 하거나, 독자를 침묵하게 하고 작가가 독자를 만나도록 한다."[3] 번역해야 할 텍스트의 특성에 따라서, 우리는 원천주의자 혹은 목표주의자가 될 것이다.

번역이 정태적이 아닌 역동적인 특성의 작용이라면, 바로 '움직임'*mouvement*의 개념이 대두된다. 빌헬름 폰 훔볼트는 아이스킬로스Eschyle의 《아가멤논Agamemnon》(1816년에 출판된 번역이며, 이 번역에 15년이 걸렸다)의 서문에서 다음과 같은 근본적인 구별을 제안한다. "우리가 이국성이 아니라 낯섦을 느끼는 한, 번역은 그의 최고 목표를 달성했다. 그러나 이국성이 그 자체로 나타나고, 어쩌면 낯섦조차도 가려지는 경우에, 번역가는 자신이 원작과 동일 선상에 있지 않다는 것을 드러낸다."[4] 그것은 현재의 프랑스식 번역에 역행하는 것이다. 그렇지만 그러한 개념은 하나의 조건, 즉 "프랑스 고전주의의 자민족중심주의만큼이나 강하게 낯섦의 이국성을 거부한다"[5]는 조건에서 번역과 다시 만난다.

낭만주의자들 중에서는 횔덜린만이 에즈라 파운드와 같은 번역을 예견하면서 그 한계를 뛰어넘을 것이다.[6] 하지만 "목표주의자"의 논거들

---

3 Antoine Berman의 번역, in *Les tours de Babel*, p. 303.

4 Wilhelm von Humboldt, *Sur le caractère national des langues et autres écrits sur le langage*, éd., trad. Denis Thouard, Paris, Le Seuil, 2000, p. 39.

5 Antoine Berman, *L'épreuve de l'étranger*, p. 248.

6 Antoine Berman, Hölderlin, ou la traduction comme manifestation, in *Les tours de Babel*, pp. 93-109를 볼 것.

도 힘이 부족하지는 않다. 가장 중요한 논거들 중 하나가 바로 등가에 관한 것이다. 《번역의 과학을 향하여 Toward a Science of Translating》(1964)[7]에서, 유진 나이다Eugene E. Nida는 두 가지 형태의 등가를 구별한다. 원문의 형식을 기계적으로 옮기는 형식적 등가équivalence formelle와 "목표 언어"에서 같은 효과를 내기 위해서 "원천 텍스트"를 변형하는 역동적 등가équivalence dynamique이다. 나이다는 성경 번역 전문가이다. 우리와 다른 문명과 마주하면서, 효과의 등가équivalence d'effet라는 논거는 다른 모든 것들에 우위를 점한다. 사막의 인도인에게 좋은 보리와 나쁜 보리의 우화를, 그래서 보리를 조밀하게 심고 보호해야 하며 흩뿌려서 심어서는 안 된다는 것을 어떻게 이해시킬 것인가? 문자에 집착하는 것은 의미를 근본적으로 왜곡시킬 수 있는 위험을 확산시킨다. 그러한 문명에서, 씨를 뿌리는 것은 그 자체로 비정상적인 행동이다. 따라서 나이다에 따르면, 같은 단어를 사용할 수가 없다.

"역동적 등가"는 나이다의 독창적인 개념이다. 그것은 그의 고유한 번역 이론에서만 의미가 있다. 반대로 효과의 등가는 "원천주의자"와 "목표주의자" 사이의 대립을 넘어서는 중심적인 개념이다. 그것은 훨씬 넓은 범주에서 고려되어야 하고, 언어학적 차원의 함의에서 출발해야만 한다.

II. 언어학과 번역

번역 이론에 관한 언어학의 공헌은 문학 연구 분야(예를 들어, 롤랑 바르

7 Eugene E. Nida, *Toward a Science of Translating*, Leyde, Brill, 1964.

트에 대한 옐름슬레우Hjelmslev의 영향)나 민족학(예를 들어, 레비-스트로스Lévi-Strauss) 및 정신분석학(라캉Lacan과 "언어활동과 같은 구조화된 무의식")과 같은 인문학에서처럼 상당하다. 언어학의 관점에서 번역이 가지는 중요성은 로만 야콥슨이 강조하고 있는 것처럼 매우 중요하다. 그에 따르면, "차이 속에서 등가는 랑가주의 핵심적인 문제이며, 언어학의 주대상이다".[8]

몇몇 사람들에게 있어서 언어학의 헤게모니는 명백하다. 번역은 일반 언어학의 한 분야가 된다. 그러므로 1965년에 존 캣포드John Catford가 쓴 저서의 제목인 《번역의 언어학적 이론A Linguistic Theory of Translation》[9]을 이해해야만 한다. 존 캣포드의 논리는 단순하다. 번역은 랑가주의 문제이다. 언어학은 랑가주를 연구한다. 따라서 번역은 언어학의 대상이다. 이런 이유로 부제가 "응용언어학 서설An Essay in Applied Linguistics"이 되었다.

언어학을 말하는 사람은 학문science을 말한다. 유진 나이다의 저서 제목인 《번역학에 관하여Toward a Science of Translation》(1964)는 이러한 관점에 속한다. 그러한 학문은 아직은 존재하지 않았기 때문에, 1958년에 출간된 러시아인 페도로프A. Fedorov의 《번역 이론 서설Vvedenie v teorju perevoda》과 같은 제목들이 있었다.[10] 각 저자는 자신만의 고유한 언어이론에 의존한다. 유진 나이다는 놈 촘스키Noam Chomsky의 변형생성문법을 활용했으며, 존 캣포드는 퍼스J. R. Firth와 할리데이M. A. K. Halliday의 연구를 토대로 하였다. 그렇지만 언어학에 부여된 우위는 번역가들 스스로에 의해 강한 비판을 받는다. 특히 문학 텍스트에서 그렇다. 에드몽

8 Roman Jakobson, Aspects linguistiques de la traduction, *op. cit.*, p. 80.

9 John Catford, *A Linguistic Theory of Translation*, Londres, Oxford University Press, 1965.

10 A. V. Fedorov, *Vvedenie v teorju perevoda*, Moscou, Institut des littératures en langue étrangère, 1958.

카리가 이를 대변한다. 카리는 1958년에 출간한 《어떻게 번역해야만 하는가?Comment faut-il traduire?》에서 "문학 번역은 언어 작용이 아니다. 그것은 문학 작용이다"라고 말한다.[11] 《프랑스어와 영어의 비교문체론》에서 비네와 다르벨네는 실제로 다음과 같이 주장한다. "우리는 빈번하게, 심지어 저명한 번역가들의 글에서도 번역은 하나의 예술이라는 것을 읽는다. 그렇지만 이 말은 일부 진실된 면을 가지고 있지만, 우리 대상의 본질을 자의적으로 제한하려고 한다. 실상 번역은 고유의 기술과 특유의 문제점을 가진 엄밀한 학문이다."[12] 언어학자 조르주 무냉은 《번역의 이론적 문제점Les Problèmes théoriques de la traduction》(1963)에서 두 관점을 통합해서 진술한다. "우리가 이를 따른다면, 의학처럼 번역도 기술, 그렇지만 학문에 기반한 기술이라고 말할 수 있다."[13] 번역은 언어 작용이자 동시에 문학 작용이다.

번역가의 작업에 대한 충분히 상세한 첫 '기술記述'은 언어학 덕택이다. 앞서 나온 대다수의 저서 혹은 개론서들은 이런 설명을 담고 있지 않았다. 키케로가 단어가 아닌 의미를 번역해야만 한다라고 말했을 때, 그는 이에 대한 상세한 기술은 하지 않는다. 드라이든은 어떻게 라틴어로 된 호라티우스의 원칙 "Nec verbum verbo curabis reddere, fidus interpres(단어는 충실한 번역가를 만들지 않는다)"를 "Nor word for word too faithfully translation"처럼 우아한 번역으로 옮길 수 있는지를 설명하지는 않았다. 괴테도 훔볼트도 자신들이 이론화한 번역들에 관한 상세한 연구에는 이르지 못했다.

---

11 Edmond Cary, *Comment faut-il traduire ?*(1958), Lille, PUL, 1985, p. 8.

12 J.-P. Vinay, J. Darbelent, *Stylistique comparée du français et de l'anglais*, p. 23.

13 Georges Mounin, *Problèmes théoriques de la traduction*, Paris, Gallimard, 1963, pp. 16-17.

20세기에 이르러 상황은 완전히 달라진다. 언어학의 비약적인 발전으로 번역 이론가들은 강력한 분석 도구를 갖게 되었다. 경험주의 단계를 넘어선 첫 번째 번역 개론서들이 그것을 가능케 했다. 최초의 개론서는 알프레드 말블랑Alfred Malblanc의 《프랑스어와 독일어의 비교 문체론Stylistique comparée du français et de l'allemand》(1944, 제1판)[14]이다. 그는 페르디낭 드 소쉬르의 계승자인 샤를 바이Charles Bailly의 연구에 바탕을 두고 있다. 거기에 영감을 받은 비네와 다르벨네는 《프랑스어와 영어의 비교 문체론》을 쓰게 된다. 그들의 방법은 귀납적이다. 이론만으로는 충분하지 않으며, 현상에서 출발해야만 한다.

어떠한 변형이 일어났는지 연구하기 위해서 원문과 비교하는 전문 번역가의 번역에서 출발한다. 처음에는 기술적이었던 번역 이론은 가장 중요한 응용 영역 중 하나가 대학에서의 교육이기 때문에 설명적 방식으로 변한다.

대상 언어가 어떤 것이든 번역 분야에서 언어학의 기여를 고려하지 않을 수 없을 것이다.[15]

---

14 Alfred Malblanc, *Stylistique comparée du français et de l'allemand*(1944), Paris, Didier, 1968.

15 매우 다양한 이론적 틀에서, 최근의 몇몇 저서를 인용하면 다음과 같다. V. G. Gak, *Russkij Jazyk v sopostavlenii c frantsuzskim*(1975), Moscou, Russkij Jazyk, 1988; Jacqueline Guillemin-Flescher, *Syntaxe comparée du français et de l'anglais. Problèmes de traduction*, Gap, Ophrys, 1981; Michel Ballard, *La traduction: de l'anglais au français*, Paris, Nathan, 1987; Hélène Chuquet, Michel Paillard, *Approche linguistique des problèmes de traduction. Anglais-français*, Gap, Ophrys, 1987; Claude Demanuelli, Jean Demanuelli, *Lire et traduire. Anglais-français*, Paris, Masson, 1991; Anne Boulanger, *Pratique de la traduction du russe. Éléments de syntaxe comparée*, Gap, Ophrys, 2001; Sandor Hervey, Ian Higgins, *Thinking Translation. A Course in Translation Method: French and English*(1992), Londres, Routledge, 2002. 독일어, 스페인어, 이탈리아어로 된 문헌들도 있다.

III. 번역의 시학

1975년에 출간된 번역에 관한 기본서인 《바벨 이후Après Babel)》에서, 조르주 스타이너는 번역(특히 문학 번역)은 언어 차원으로만 국한할 수 없을 것이라고 단언한다. 1975년의 영어 부제와 1978년의 프랑스어 번역을 비교하면 내재된 문제를 간단히 요약할 수 있다. *After Babel: Aspects of Language and Translation*(《바벨 이후—언어와 번역의 측면》)이 뤼시엔 로트랭제Lucienne Lotringer에 의해 *Après Babel: Une poétique du dire et de la traduction*(《바벨 이후—말하기와 번역의 시학》)으로 번역된다. 첫머리에서 조르주 스타이너는 마르틴 하이데거Martin Heidegger의 "(…)Dichterisch Wohnet der Mensch(…)(인간은 시적으로 거주한다)"(1954)를 인용하고(인간은 자신이 언어를 제어한다고 생각하는 착각을 하지만, 사실 언어가 인간을 제어한다), 그리고 나서 "Ningún problema tan consustancial con las letras y con su modesto misterio como el que propone una traducción(그 어떤 문제도 번역이 제안하는 글자들과 그것의 겸손한 신비와 공존할 수 있는 것은 없다)"[16]라는 호르헤 루이스 보르헤스Jose Luis Borges(1957)의 〈호메로스의 번역들Las versiones Homéricas〉의 한 구절을 인용한다. 그리고 "따라서 번역 이론은 응용 언어학이 아니다. 번역 이론은 문학 이론과 실천에서 새로운 영역이다. 그것의 인식론적인 중요성은 시니피앙과 시니피에 사이에서 글쓰기라는 사회적 실천에 고유한 동질성의 이론적 실천에 기여한다는 점이다"라는 세 번째 인용이 뒤따른다. 앙리 메쇼닉의 또 다른 저작인 《시학을 위하

16 "Aucun problème n'est aussi consubstantiel aux lettres et à leur modeste mystère que celui que propose une traduction"(trad. Jean-Pierre Bernès, dans Jorge Luis Borges, *Œuvres complètes*, I, Paris, Gallimard, coll. La Pléiade, 1993, p. 290.)

여 II》(1973)에서 인용한 것이다. 이와 같이 메쇼닉은 번역의 시학poétique de la traduction이라는 개념을 제기한다.

첫 번째 인용은 독일 낭만주의의 유산, 특히 훔볼트를 가리킨다. 하이데거는 훔볼트에게서 언어학뿐만 아니라 언어 철학의 선구자를 본다. 번역에 대한 성찰은 가장 높은 차원에 위치하지만, 모든 사람에게 자명한 것은 아니다. 어떤 이들에게는 번역 이론은 그리 중요하지 않은 영역이다. 그래서 두 번째 인용은 글쓰기와 번역의 "동질성consubstantialité"을 강조한다. 글쓰기와 번역은 흔히 경쟁적인 평행 관계를 이룬다. 일반적으로 번역은 앙투안 베르만이 "불완전성défectivité"이라고 부르는 것의 관점에서 고려된다. 모든 번역 텍스트는 불완전한 특성을 가진다. 가장 중요한 결점은 "이차성secondarité"이다. 즉 "원작이 '아니며', 그래서 원작보다 '못하다'라는 이 오래된 비난(우리는 한 진술에서 다른 진술로 쉽게 옮겨간다)은 번역 '정신'*psyché*의 고통이며 모든 죄악의 원천이었다".[17] 이러한 견해를 최초로 통합한 사람이 조르주 무냉이다. "번역에 반하는 모든 논거들은 단 하나로 요약될 수 있다. 번역은 원작이 아니다."[18] 따라서 우리가 번역을 어떠한 변형 없이 한 언어에서 다른 언어로 원작의 이행이라고 이해한다면, 바로 번역의 불가능성이라는 결론을 내려야만 한다. 장-르네 라드미랄Jean-René Ladmiral이 "선결적 반론의 문제점problématique de l'obijection préjudicielle"이라고 부르면서 부질없이 증명하려고 한 역설이다.[19]

세 번째 인용은 묵시적으로 원문과 번역 사이의 전통적인 이분법

---

17 Antoine Berman, *Pour une critique des traductions*, p. 42.

18 Georges Mounin, *Les Belles Infidèles*, p. 13.

19 Jean-René Ladmiral, *Théorèmes pour la traduction*, Paris, Payot, 1979, p. 85 및 이하를 볼 것.

을 고려하지 않고 그 이상을 지향하는 것이다. "만일 한 텍스트의 번역이 하나의 텍스트처럼 구조화되어 있다면, 그 번역은 텍스트로 기능하는 것이며, 읽기-글쓰기의 글쓰기이며, 주체의 역사적인 모험이다. 번역은 원작에 비해서 투명하지 않다."[20] 앙투안 베르만처럼, 앙리 메쇼닉도 발터 베냐민Walter Benjamin과 〈번역가의 과제Die Aufgabe des Übersetzers〉라는 제목이 붙은 샤를 보들레르Charles Baudelaire의 〈파리 풍경Tableaux parisiens〉번역에 대한 그의 유명한 서문(1923)[21]을 거쳐 훔볼트에서 하이데거로 이어지는 사고의 흐름 속에서 자신의 번역 이론을 만들어낸다. 유진 나이다처럼 성경 전문가인 메쇼닉은 나이다의 주제들에 대해 가차없이 비판한다. "그것은 '역동적 등가'인 도착점으로서 번역을 비난하는 것이며, '오른손이 하는 일을 왼손이 모르게 하여라'(마태복음, 6장 3절, 〈개정표준역Revised Standard Version〉)를 '가장 가까운 친구라고 하더라도 그것에 관해 알지 못하는 방식으로 하라'로 바꾸는 것이다. 여기서 모든 텍스트인 것은 언술énoncé로 이어지며, 모든 다의적인 것은 일의적一義的인 것이 되어버린다."[22] 셰익스피어를 현대 영어로 번역하는 것과 같다. 우리는 언술을 갖게 될 것이지만, 더 이상 셰익스피어는 가질 수 없을 것이다. 번역은 바로 글쓰기의 한 형태이다. 《불가타》 혹은 《킹 제임스판 성경》은 작품들로 "기능한다".[23]

앙리 메쇼닉은 "원천주의자"와 "목표주의자"의 구별을 없애기 위해서 이를 다시 언급한다. 메쇼닉의 시각에서 이러한 대립은 무의미한 것

---

20 Henri Meschonnic, *Pour la poétique II*, p. 307.
21 Walter Benjamin, La tâche du traducteur, in *Mythe et violence*, trad. M. de Gandillac, Paris, Denoël, 1971 (Heidelberg, 1923).
22 Henri Meschonnic, *op.cit.*, p. 336.
23 *Ibid.*, p. 306

이다. "번역은 출발 텍스트에서 도착 문학으로의 이행 혹은 반대로 출발 텍스트로 도착 독자의 이행(이중의 움직임, 의미와 형태의 이원론에 근거하며, 대부분의 번역을 경험적으로 특징짓는 것이다)이 아니라 언어에서의 작업, 즉 '탈중심화'*décentrement*로 정의된다."[24] 이러한 시각은 괴테에 가깝다. 오로지 "원천주의적인" 번역, 즉 "축자역"은 모사에 이른다. "언어적 뒤틀림으로 이어지는 형태적 모사, 단어의 시화적 이데올로기 idéologie poétisante."[25] "목표주의" 번역은 작품이 번역어로 쓰인 것으로 믿게 하고, 따라서 "우아한" 번역들을 특징짓는 "자연스러움"과 "투명성"의 환영을 만들어내면서 작품을 "병합"하게 된다. 다시 말해서, 번역은 드라이든에 의해 정의된 중용의 정신에 부합한다. 문제가 되는 두 개의 "언어-문화" 사이의 "관계"를 "지우는" 번역이다. 그러한 개념은 지적으로 매력적인 것처럼 보일 수 있다. 그러나 순전히 이론일 뿐이라고 비난받는다. 예를 들어 이제 살펴볼 프랑스에서의 도스토옙스키의 다양한 번역들에서는 그렇지 않았다.

1968년에 마르크 샤피로Marc Chapiro 같은 번역가는 "원천주의자"의 관점을 취한다. "도스토옙스키 문체 특유의 투박함은 번역가에게 거의 해결하기 어려운 문제를 제기한다. 내용의 풍성함에도 불구하고, 가시덤불 같은 문장들을 재생산하는 것은 불가능한 것 같다."[26] 문장이 "길고 투박하며, 반복으로 가득차 있고, (…) 조화가 완전히 결핍되어 있다"[27]면 어떻게 해야만 하는가? 첫 번째 해결책은 명확성과 우아함을 위해서 미숙함을 없애는 것이다. 다른 해결책은 그 미숙함을 그대로 유지하는 것

24 *Ibid.*, pp. 313-314.
25 *Ibid.*, p. 449.
26 *Ibid.*, p. 317 재인용.
27 *Ibid.*, p. 316.

으로, 나보코프Nabokov가 레르몬토프Lermontov의 《우리 시대의 영웅Un héros de notre temps》을 영어로 번역하기 위해 한 것이다. "먼저, 결정적으로 번역은 '쉽게 읽혀져야 한다' 그리고 '번역이라는 인상을 주어서는 안 된다'와 같은 전통적인 개념을 버려야 한다. (…) 영어 독자는 레르몬토프의 산문식 글쓰기의 문체에는 우아함이 결여되어 있다는 것을 알아야만 한다. (…) 비교와 은유는 지극히 평범하다. 수식어들은 그만큼 상투적이어서 잘못된 사용들이 때때로 대가를 치르게 되었다. 묘사 부분에서의 반복은 순수주의자들을 당황스럽게 만든다. 그래서 빈 곳을 채우고 중복되는 부분을 없애는 시도를 극대화하기 위해서 번역가는 그 모든 것들을 충실하게 옮겨야 한다."[28] 도스토옙스키 경우에 "반복"은 그 시대의 우아한 글쓰기의 전형과 단절하면서 그의 문체가 된다. 앙드레 마르코비츠André Markowicz는 바로 이러한 시각에서 바벨 출판사에서 도스토옙스키를 프랑스어로 재번역했다.

글과 정신, 형태와 내용, 문체와 의미, 원문과 번역, 작가와 번역가 등을 대비시키는 전통적인 이분법은 실제로 이중적인 시각을 가리킨다. 형태가 의미에 덧붙여지는 것이 아니다. 두 개는 불가분의 것이다.[29] 조르주 스타이너처럼, 메쇼닉은 에즈라 파운드를 "여전히 연구되지 않은 선구자"로 생각한다.[30] 실제로 드라이든이 특히 시 번역 분야에서 거부했던 "모방적" 실천과 관련된 다른 이론들이 존재한다. 옥타비오 파스[31] 혹은 예핌 에트킨트[32]가 바로 그렇다. 이들에게는 "번역-재창조"가

---

28 Vladimir Nabokov, "Translator's Foreword, Mikhail Lermontov", *A Hero of Our Time*(1958), Londres, Everyman, 1992, p. / (서자 역).
29 Henri Meschonnic, *op.cit.*, p. 311 및 이하와 Paul Ricœur, *La métaphore vive*, Paris, Le Seuil, 1975를 볼 것.
30 Henri Meschonnic, *op.cit.*, p. 323을 볼 것.
31 Octavio Paz, *Traducción: literatura y literalidad*, Barcelone, Tusquets, 1971을 볼 것.

가장 최선이다. "번역은 원문의 구조를 유지하면서도 전체를 재창조하기" 때문이다.[33] 그래서 우리는 발터 베냐민이 〈번역가의 과제〉에서 언급했던 "시적 전이transposition poétique"(개작Umdichtung)로서의 번역에 위치한다.

언어학과 번역 이론은 전자는 이원론적이고 후자는 그렇지 않기 때문에 양립 불가능한가? 오히려 그 둘은 서로에 의해 완성된다고 생각할 수 있다. 게다가 시 번역은 로만 야콥슨이 "창조적 전이가 가능한 유일한 것"[34]이라는 유사한 표현으로 언어학의 관점에서 검토하였다.

IV. 번역 비평

만일 미국과 영국에서 출판된 대다수의 번역서들이 로렌스 베누티Lawrence Venuti가 《번역가의 투명성The Translator's Invisibility》에서 보여주는 것처럼 압도적으로 "목표주의적"이고 "민족중심주의적인" 것이라면(나보코프의 시대에서처럼), 번역 연구에 관한 관심은 수잔 배스넷Susan Bassnett과 앙드레 르페브르André Lefevere가 "독립된 학과목으로서 번역학의 성장은 1980년대의 성공 이야기다"[35]라고 말하는 것처럼 1980년대 이후로 앵글로-색슨 국가에서 완전한 대학 학과목이 될 정도로 열광적이었다. 인터넷 검색엔진으로 "translation studies"[36]라는 표현을 찾아보면 이러한 현상을 충분히 납득할 수 있다. 24,200여 개나 되

---

32 Efim Etkind, *Un art en crise. Essai de poétique de la traduction poétique*, Lausanne, L'Âge d'homme, 1982를 볼 것.

33 Efim Etkind, Inês Oseki-Dépré, *op.cit.*, p. 89 재인용.

34 Roman Jakobson, Aspects linguistiques de la traduction, *op.cit.*, p. 86.

35 서문, Lawrence Venuti, *The Translator's Invisibility*, p. VII.

36 Susan Bessnett, *Translation Studies*, Londres, Methuem, 1980을 볼 것.

는 표제어! 캐나다 연구자 브라이언 해리스Brian Harris에 의해 만들어진 "traductologie"(번역학)라는 용어는 1972년에 등장한다. 이 용어로 2,660개의 표제어가 출현한다. 첫 번째 표제어는 오타와 대학의 'Association canadienne de ~'(-의 캐나다 협회)라는 표제어이다. 이개어 국가인 캐나다는 실제로 실질적인 차원이든 이론적 차원이든 번역에 관한 오랜 경험이 있다(비네와 다르벨네도 캐나다인이다). 다른 사례는 프랑스와 프랑스어 사용권 국가들을 포함한다. "Traductologia", "traduttologia", "teoria della tradzione", "Überset zungszissenschaft" 등으로 계속 검색을 하면 프랑스를 포함해서 확대일로에 있는 이 연구의 광범위한 영역을 확인할 수 있다.

번역'들'의 이론이 없다면 번역 이론도 없다. 그렇지 않다면 우리는 비어 있는 것을 이론화한다. 그 영역은 거대하다. 괴테 시대의 '세계문학'*Weltliteratur*이 제한된 수의 언어로 쓰였지만, 오늘날은 다르다. 심지어 19세기를 주목하더라도 번역이 차지하는 부분은 거대하다. 그러한 집단을 어떻게 정리할 것인가? 앙투안 베르만이 《번역 비평을 위하여—존던Pour une critique des traductions: John Donne)》에서 제안한 "번역 비평" 개념처럼 이론가들의 개념 덕분이다. 번역은 부정적 비평의 대상(흔히 '번역은 반역이다'라는 성구로 요약될 수 있다. 원문에 대한 "이득"과 "손실"의 시험이다)이 될 뿐만 아니라 긍정적 비평의 대상이기도 하다. "그렇지만 번역은 원작을 '옮기는 것', 즉 '복제'가 되기를 목표로 할 뿐만 아니라(그런 식으로 이차성을 확보한다), 하나의 작품이 되기를, 하나의 작품이기를 지향하는 것인가? 완전한 권리를 가진 작품? 역설적으로 두 번째 목표, 독자성을 달성하기, 작품의 영속성은 첫 번째 목표와 모순되지 않으며 그것을 강화한다."[37] 번역은 기원이 되는 작품과 대등한 판본이다. 원작은 하나의 판본, 확실히 다른 것과 비교하면 최초의 판본일 뿐이기 때문이다. 〈호메로스의 번역들〉에서 보르헤스가 주장한 견해이다. 메쇼닉은 "번역-텍스트traduction-texte"를 말한다. 텍스트 비평이 존재하는 것처럼 번역 비평도 있어야만 한다. 둘은 불가분의 관계이다.

번역 텍스트는 무無에서 만들어지지 않는다. 그것은 세 가지 요인으로 결정되는 번역가의 존재를 전제한다. "번역 입장position traductive", 다시 말해서 번역 활동에 대해 생각하는 방식. 번역 방식을 결정하는 "번역 기획projet de traduction". 마지막으로 "번역가의 지평horizon du traducteur". 이 용어는 후설Husserl과 하이데거에서 문학 해석학의 한스 로베르트 야우스Hans Robert Jauss를 거쳐 가다머H. G. Gadamer와 폴 리쾨르Paul Ricoeur로 이어지는 현대 해석학에 차용된다. "첫 번째 추정으로 지평은 언어적, 문학적, 문화적, 그리고 역사적 변수들의 집합으로 정의될 수 있다. 이 변수들은 번역가의 감각, 행동, 사고를 '결정짓는다'."[38] "번역 분석"은 이 세 가지 차원에 위치하고, 세 번째 차원이 앞의 두 차원을 포섭하는 경우에만 진정으로 완결된다. 그래서 분석을 위해서 서문, 후기, 기사, 인터뷰 그리고 다른 곁텍스트 자료들이 중요해진다. 번역가는 다소간 자신이 선택한 번역 입장(성경을 번역한 성 히에로니무스는 호메로스를 번역한 우다르 드 라 모트와는 다른 입장을 가진다)에 따라서 '사라진다'. 이것이 "번역 기획"의 방향을 이끌 것이며(문자에 대한 존중이거나 혹은 불충실한 미녀의 결과물), 이 두 가지 기준은 "번역가의 지평"에 의존한다. 사람들은 르네상스 시대와 19세기에 동일한 방식으로 번역을 하지 않는다. 같은 시대에서도 여러 가지 번역 방식이 공존할 수 있다(앞 장을 볼

37 Antoine Berman, *Pour une critique des traductions: John Donne*, p, 42.
38 *Ibid.*, p. 79.

것). 지평은 분명히 일치하지 않는다.

그러한 이론들이 서양 혹은 유대그리스도 문화에만 적용되는 것은 아니다. 예를 들어 중국의 경우가 그렇다. 1995년에 스탕달의 《적과 흑》의 중국어 번역에 대해서 중요한 논쟁이 있었다(몇 년 사이에 15편여의 번역이 나왔다). 유안 시아오이Yuan Xiaoyi(난징 대학교)의 〈시대의 토론—충실성 혹은 재창조? Débat du siècle: fidélité ou recréation?〉가 이 논쟁을 다루고 있다.[39] 《메타Meta》(몬트리올 대학 출판부가 발행하는 학술지)에 게재된 학술논문인 〈번역의 기본 문제에 대한 성찰Réflexions sur les problèmes fondamentaux de la traduction〉[40]에서, 쉬 쥔Xu Jun은 "중국에서 번역의 역사는 프랑스와 같은 시간 순서를 따르지 않는다. 그렇지만 자유 그리고 '직접'('축자역'과 동의어로서) 번역의 목소리는 프랑스와 마찬가지로 수 세기에 걸쳐 존재하고 있다"[41]라고 언급하고 있다. 쉬 쥔에 따르면 이러한 논쟁은 "국가적 차원"에서의 문제이며, "앙드레 마르코비치에 의한 도스토옙스키의 완전히 새로운 번역"[42]을 포함하는 논쟁이다. 한편으로, "중국어 중심주의", "우아한" 번역이 있고, 다른 한편으로 수용 언어-문화에서 텍스트를 "순화시키려고" 하지 않는 "이국적" 번역이 있다. 그는 "재번역은 중국에만 나타나는 현상이 아니다. 그것은 세계적인 것이다"[43]라고 부언한다. 번역 이론이 더욱 중요해진다.

---

39 Yuan Xiaoyi, Débat du siècle ; fidélité ou recréation ?, revue *Meta*, 1, 1999.
40 Xu Jun, Réflexions sur les problèmes fondamentaux de la traduction, revue *Meta*, 1, 1999.
41 *Ibid.*, p. 47.
42 *Ibid.*, p. 50.
43 *Ibid.*, p. 51.

제4장

번역 작용

에드몽 카리의 "언어 작용"과 "문학 작용"의 구분은 기본적인 사실이다. 그렇지만 그런 구분은 특히 장 드릴Jean Delisle이 과학 텍스트, 기술 텍스트, 경제 텍스트, 많은 국제기구의 텍스트처럼 "실용적"이라고 부르는 텍스트[1]를 묵과하고 있기 때문에 충분하지 않은 것 같다. 우리는 여기에 신문 텍스트, 공문서, 여행 안내서, 공항에 있는 다국어 게시판 등을 추가할 수 있다. 획기적인 발전을 이루었고 세계화가 계속해서 확대시키는 광대한 코퍼스이다. 우리가 국제연합 보고서나 다른 "비문학적" 텍스트처럼 셰익스피어를 번역하지 않는다고 말하는 것은 분명한 사실이지만, 그렇다고 전체적인 개요를 숨겨서는 안 될 것이다. 즉 같은 작용이 작동하는 것이다. '기능'만이 다를 뿐이다. 하나는 주기능이 정보적 목적이며, 다른 하나는 미학적 목표이다. 번역해야 할 텍스트의 성격에 따라서 그런 기능들이 다르게 적용된다.

---

1 Jean Delisle, *L'analyse du discours comme méthode de traduction*, Ottawa, Éditions de l'Université d'Ottawa, 1984, p. 22를 볼 것.

1. 번역과 재현

〈번역의 언어학적 측면들Aspects linguistiques de la traduction〉에서 번역의 첫 번째 형태는 다음과 같이 정의된다. "언어 내적 번역 혹은 재현reformulation은 같은 언어의 다른 기호를 이용해서 언어 기호를 해석하는 것이다."[2] 1813년에 슐라이어마허는 《번역하기의 다양한 방식Des différentes méthodes du taduire》에서 유사한 개념을 설명한다. "우리와 완벽하게 비슷하지만, 그 감각과 기질이 다른 타인의 담화를 번역할 필요가 빈번하지 않는가? 우리 입에서는 같은 단어들이 완전히 다른 의미를 가지거나 혹은 어쨌든 그의 입에서보다 더 약하거나 더 강한 맥락을 가질 수 있다고 느끼고, 만일 우리가 그와 정확히 같은 것을 표현하려고 하지만 우리는 우리의 방식으로 완전히 다른 단어와 표현을 사용할 것이라고 생각할 때, 우리가 이 인상을 보다 정확하게 정의하고, 사고의 대상을 만들어내고자 했을 때, 그것을 번역하는 것 같다."[3] 번역은 언어활동의 중심에 있다.

우리의 것인 "의사소통"의 세계에서, 번역은 어디든 존재한다. 이런 점에서 미디어는 번역을 하는 거대한 기계이다. 텔레비전을 예로 들면, 기자는 때때로 모든 형태의 번역을 실행한다. 하나의 주제를 다른 주제로 보고할 때는 언어 내의 번역을, 다른 언어로 번역할 때는 언어 간 번역을, 그가 보는 것을 단어로 옮길 때는 기호 간 번역을 실행한다. 마지막으로 보국어로 재표현을 한다면, 그는 자가재현autoreformulation을 실행한다.

---

2 Roman Jakobson, *op.cit.*, p. 79.
3 Friedrich Schleiermacher, trad. A. Berman, *op.cit.*, p. 281

출발어에서 도착어로의 흐름을 묘사하는 도식에서, 결국 원천 텍스트에서 목표 텍스트로의 이행으로 도식을 표현하는 것이 더 낫다.

원천 텍스트 → 목표 텍스트

그 어떤 것도 "원천 언어"와 "목표 언어"가 다르다는 것을 강요하지 않는다. 그 이상을 지향할 수 있다. 실제로 번역은 "텍스트"에만 적용되는 것이 아니다. 그것은 자의적으로 구어 번역, 즉 마음 속으로, 정신적으로 수행하는 번역을 배제하는 것이다. 따라서 우리는 "텍스트"를 "언술"로 대체할 수 있다.

원천 언술 → 목표 언술

두 번째 언술로 가기 위해 첫 번째 언술에서 출발하면서 우리는 "재화행ré-énonciation"을 실행한다. 이런 작용은 그 자체로, 심지어 같은 언어 내에서 이루어지기 어렵다. 한 가지 구체적인 예를 들어보면, 아래 언술은 언술의 문법상의 주어에게도 발화자에게도 참이다.

Œdipe voulait épouser Jocaste.
(오이디푸스는 요카스타와 결혼하기를 원했다.)

반면에 다음 언술은 발화자의 관점에서는 그렇지 않다.

Œdipe voulait épouser sa mère.

(오이디푸스는 자신의 어머니와 결혼하고 싶어했다.)[4]

그런 변형들은 매우 불명확해서 오랫동안(19세기까지) 가장 중요한 차원의 교육으로 고려되었다. "글쓰기 기술에 할애된 10권에서, 퀸틸리아누스Quintilien는 다음과 같은 언어 간 혹은 언어 내적인 일련의 다시 쓰기 연습을 제안한다. 그리스어 작가의 라틴어 번역, 라틴 시를 산문으로 다시 쓰기, 작가 텍스트의 재현과 자신의 고유 글의 자가재현."[5] 언어 내적 번역은 엄밀한 의미의 번역에 해당한다고 할 수 없다. 언어 내적 번역은 "원천 언술"에서뿐만 아니라 "목표 언술"에서도 존재한다. "원천 언술", 만일 우리가 이를 "원천 언어"로 재표현할 수 있다면 다음과 같은 도식이 된다.

원천 언어 ↔ 원천 언어

일단 언술이 이해되면, 우리는 그것을 번역어로 재표현한다.

원천 언어 → 번역어

원칙적으로 이렇게 한 언어에서 다른 언어로 이행하는 능력은 필수적이다. 그러니 단어 대 단어의 번역 수준을 넘어서기 위해서는 목표 언어에서 다양한 재현을 할 수 있는 능력도 필요하다

---

4 Catherine Fuchs, *Paraphrase et énonication*, Gap, Ophrys, 1994, p. 78에서 차용한 사례.
5 *Ibid.*, p. 6.

번역어 ↔ 번역어

"원천 언어"로 재현은 이해의 차원에서 이점이 있다. 반면 "목표 언어"로 재현은 표현의 관점에서 이점이 있다. 그래서 문학이든 아니든 전문 번역 분야에서 우리는 원칙적으로 가장 잘 알고 있는 언어로 번역할 수밖에 없는 것 같다.[6] 따라서 최종 번역은 빙산의 일각에 지나지 않는다.

II. 전이와 변조

가장 중요하면서도 드러나지 않은 부분은 번역인 '에르곤'이 아니라, 번역이 그 결과물인 재화행의 과정(훔볼트식의 표현으로 '에네르게이아', 이 책 27쪽 참조), 다시 말해서 번역하기이다.[7] 피터 뉴마크Peter Newmark가 영어로 "translation theory(번역 이론)"와 "translating theory(번역하기 이론)"로 구별한 것이다. 번역 이론은 번역하기 이론으로 이어져야 한다. 번역하기 이론은 이제 번역 실천이 된다.[8]

주지하다시피 번역 실천은 오래전으로 거슬러 올라간다. '번역하기'에 대한 글들은 현대 시대 이전에는 매우 드물었다. 문제가 되는 작용들은 너무나 분명한 것 같아서 이를 기술하는 데 어려움은 없다.

《백과전서Encyclopédie》에서 달랑베르d'Alembert가 쓴 〈사전Dictionnaire〉 항목은 이러한 측면에서 시사하는 바가 크다. "그렇다면 여러분은

---

6 Peter Newmark, *A Textbook of Translation*, Londres, Prenctice Hall, 1988, p. 3을 볼 것.
7 Henri Meschonnic, *Poétique du traduire*, Lagrasse, Verdier, 1999를 볼 것.
8 Peter Newmark, *op.cit.*, p. 20을 볼 것.

한 언어를 빨리 배우고 싶으십니까? 그리고 기억력이 좋습니까? 할 수 있다면, '사전'을 공부하세요. 그리고 많이 읽으세요. 그래서 많은 문인이 사전을 사용했습니다."[9] 그것은 사람들이 번역이 표상하는 어려움을 인식하지 못한다는 것을 말하고자 하는 것이 아니다. 따라서 보제Beauzée가 해당 항목에서 "그 어떤 것도 뛰어난 번역보다 더 어려운 것도 (…) 더 드문 것도 없다. 그 어떤 것도 주해의 권리licence de commentaire와 문자의 종속servitude de la lettre 사이에서 중도를 지키는 것보다 더 어렵고 더 드문 것은 없기 때문이다. 문자에 너무 꼼꼼하게 집착하는 것은 정신을 파괴한다. 생명을 부여하는 것은 정신이다. 과도한 자유는 원문의 독특한 특성을 파괴하고, 우리는 불충실한 복사본을 만들게 된다"[10]라고 기술한다. 그러나 그것은 번역 이론 단계에 있는 것이지 번역하기의 단계가 아니다.

그 한계를 획기적으로 넘은 첫 번째 작품이 《프랑스어와 영어의 비교문체론》(이하 《불영 비교문체론》)이다. 시대별로 고유의 "번역가 지평"(베르만)이, 보다 일반적으로 말해서 "기대 지평horizon d'attente"(야우스)[11]이 있다. 《불영 비교문체론》은 기본 원칙에서 벗어나지 않는다. 거기에는 분명하게 주목을 받는 세 가지 기본적인 사실이 존재한다. "번역 입장", "번역 단위", 마지막으로 분석 틀로서의 언어 이론이다.

번역 입장은 《백과전서》의 입장에 비견할 만하다. "직역" 혹은 "축자역"이 언어와 문체 차원에서 등가의 언술이 될 때마다, 우리는 직역을 하려고 한다. 반대의 경우에는 "간접 번역traduction oblique"에 의존할 필

9 Henri Meschonnic, *Des mots et des mondes*, Paris, Hatier, 1991, p. 132 재인용.
10 Lieven d'Hulst, *Cent ans de théorie française de la traduction. De Batteux à Littré*, Lille, PUL, 1990, p. 45 재인용.
11 Hans Robert Jauss, *Pour une esthétique de la réception*, Paris, Gallimard, 1978을 볼 것.

요가 있다. 바로 직역의 원리principe de littéralité라고 부를 수 있는 것이다. 《불영 비교문체론》이 따르는 두 번째 원리는 관용어법idiomaticité의 원리이다. 번역은 원작이 직접 프랑스어로 작성되었다는 인상을 주어야 한다. "목표주의자적" 시각이다. "번역 단위"는 번역과 함께 제시된 다음과 같은 글처럼 전체 텍스트의 "분할découpage"을 가능하게 한다.

Fortunato, | lorgnant | la montre | du coin de l'oeil, | ressemblait à | un chat | à | qui | l'on | présente | un poulet | tout entier. | Comme il sent qu' | on se moque de lui, | il | n' | ose | y porter la griffe, et | de temps en temps, | il détourne les yeux | pour | ne pas | s'exposer à | la tentation ; | mais | il se lèche les babines | à tout moment, | et | il a l'air de | dire à | son maître : | "Que | votre plaisanterie | est | cruelle !" (메리메)[12]

한 언어에서 다른 언어로 이행하면서 우리는 바로 같은 번역 단위를 가진다. 그렇지만 분할은 당연히 다르다.

"Fortunato, | kept darting sidelong glances at | the watch | like | a cat | who, | presented with | a | whole | chicken | and | suspecting | that | she | is being made fun of, | dares | not | reach out for it, | and | at times | looks away | to resist temptation, | all the while | licking her shops | and | wanting to | tell her master | how | mean | he is."[13]

---

12 *VD*, p. 275.
13 *Ibid.*, p. 276.

일단 단위들이 분할되면, "lorgnant (…) du coin de l'oeil" → "kept darting sidelong glances at" 등과 같은 대응이 나타난다. 그러면 우리는 모든 번역 현상에 대한 '기술적' 분석을 할 수 있다.

그렇지만 그러한 기술은 랑가주 이론이 없으면 심층적으로 이루어질 수 없을 것이다. "랑가주 이론은 문학 이론을 전제로 한다."[14] 《불영 비교문체론》의 경우는 소쉬르 언어학이다. 소쉬르 언어학은 제자인 샤를 바이에 의해 '비교문체론'으로 이해되고 변형되었다. 비교문체론은 기호signe(S)의 개념과 연관된다. 각 기호는 시니피앙(Sa)과 시니피에(Sé)의 합으로 고려된다.

기호 = 시니피앙/시니피에

간단히 말하면 하나는 형태이고 다른 하나는 의미이다. 그러한 관점에서, 직역은 언어의 차이를 제외한다면, 시니피앙과 시니피에를 동시에 보존한다.

ciel = sky

확실히 시니피앙은 음성 차원에서 약간의 변형이 있다.

[sjɛl] → [skai]

14 Henri Meschonnic, *Pour la poétique II*, p. 306

그러나 시니피앙의 나머지 부분은 변하지 않는다. "ciel"과 "sky"는 같은 문법 형태를 가진다. 이 경우는 명사이다. 다음과 같은 방식으로 이를 표현할 수 있다.

명사 → 명사

이것은 또 다른 문법 범주, 예를 들어 형용사, 동사, 전치사, 부사, 관사 혹은 수(단수와 복수)의 경우에도 마찬가지일 것이다. 우리가 자주 직역에 의존했다는 것은 의심의 여지가 없다. 《프랑스 유언Testament français》과 그것의 영어 번역을 비교하는 것으로 충분하다.

Encore enfant, je devinais que ce sourire très singulier représentait pour chaque femme une étrange petite victoire. Oui, une éphémère revanche sur les espoirs déçus, sur la grossièreté des hommes, sur la rareté des choses belles et vraies de ce monde. Andreï Makine, *Le Testament français*.*	While still a child, I guessed that this very singular smile represented a strange little victory or each of the women – yes, a fleeting revenge for disappointed hopes, for the coarseness of men, for the rarity of beautiful and true things in this world. Trad. Geoffrey Strachan**.

직역이 불가능하거나 서툴게("모사") 나타날 때, 필연적으로 "간접" 번역이 두 종류의 변형을 시행할 것이라는 것을 쉽게 간파할 수 있다. 시니피앙에 대해 작용하는 것과 시니피에에 대해 작용하는 것이다(두 가지 작용은 본질적으로 서로 겹칠 수 있다).

전자는 비네와 다르벨네가 "전이transposition"라고 부르는 것이며, 후

* Andreï Makine, *Le testament français*, Paris, Mercure de France, 1995, p. 13.
** *Le testament français*, trad. Geoffrey Strachan, Londres, Scepter, 1997, p. 3.

자는 "변조modulation"라고 불린다. 가장 일반적인 변형은 "전이"다. 하나의 문법 범주를 다른 문법 범주로 대체하는 것이기 때문에 "재범주화recatégorisation"라고도 한다. 번역이 딸린 또 다른 발췌문에서 전이의 빈도를 확인할 수 있다. 이번에는 영이가 출발어이다.

She would sit and read, the book under the wave of light. She would glance now and then down the hall of the villa that had been a war hospital, where she had lived with the other nurses before they had all transferred out gradually, the war moving north, the war almost over. Michael Ondaatje, *The English Patient*.*	Elle s'asseyait pour lire, présentant le livre à la lumière vacillante. Elle jetait parfois un coup d'oeil dans le couloir de la villa, un hôpital de guerre, où elle avait vécu avec les autres infirmière avant au'elles ne soient mutées, au fur et à mesure que la guerre se déplaçait vers le nord puis touchait à sa fin. Trad. Marie-Odile Fortier-Masek.**

여러 곳에서 "전이"가 나타난다. "the book under the **wave** of light"(명사) → "présentation le livre à la lumière **vacillante**"(형용사), "She would **glance** now and then down the hall of the villa"(동사) → "Elle jetait parfois **un coup d'oeil** dans le couloir de la villa"(명사), "[the war] **almost over**"(부사+부사) → "**touchait à sa fin**" (동사+명사) 등. 일반적인 원리는 다음과 같이 도식화될 수 있다.

X 범주 ↔ Y 범주

---

* Michael Ondaatje, *The English Patient*(1992), New York, Vintage, 1996, p. 6.

** 프랑스어 번역 판본은 *Le patient anglais*, trad. Marie-Odile Fortier-Masek, Paris, Éditions de l'Olivier, janvier 1993. 현재 판본은 Éditions de l'Olivier/Le Seuil, février 1997, p. 16.

몇몇 범주는 변하지 않는다. 또 다른 범주들은 명사와 동사처럼 내적 전이의 대상이 될 것이다. 명사와 관련된 수와 성의 범주, 동사의 시간, 법 그리고 상의 범주. 동사를 말하면 술부를 말하는 것이다. 동사 대응을 분석하는 것은 필연적으로 '비교 통사'와 관련된다.

번역 작용들은 재-화행과 불가분의 관계이다. 우리가 번역하는 것은 단어가 아니라 맥락이다. 그래서 "She would sit **and** read" → "Elle s'asseyait pour lire"처럼 등위에서 종속으로 옮겨가고, "gradually, the war **moving** north"(현재분사) → "au fur et à mesure que la guerre **se déplaçait** vers le nord"(반과거)처럼 명사형에서 동사의 인칭 형태로 변형된다. 비교 통사는 기계적으로 적용해야 할 변형 목록이 아니다. 우리가 번역하는 것은 랑그(추상적 실체)가 아니라 파롤(실제 언어)이기 때문이다. 따라서 작가로서 번역가는 항상 선택에 직면한다. 마이클 온다체M. Ondaatje가 "gradually, as the war **moved** north"라고 쓸 수 있었던 것처럼, 포르티에-마세크M.-O. Fortier-Masek도 "(…) la guerre **se déplaçant** vers le nord"라고 번역할 수도 있었을 것이다. 따라서 비교 통사와 비교 문체는 대등한 관계를 가진다.

문법이 언어와 연관된다면 비교 통사는 번역에 속한다. 이 경우에는 '이차적au second degré' 문법이다. 명사에는 명사뿐만 아니라 다른 품사들도 대응될 수 있기 때문이다. 비교 통사는 번역 학습과 언어 학습을 위한 더할 나위 없는 교육 도구이다.

실제로 한 언어의 발음과 문법을 완벽하게 숙달할 수 있으며, 심지어 다른 언어에 대한 한 언어의 "간섭interférence"의 흔적들—달리 말해서 "모사"—을 지우지 않은 채 달랑베르가 말하는 "기억력mémoire"을 가진 문인처럼 신의 은총을 받을 수 있다.

그래서 프랑스어는 명사처럼 "완전한" 의미를 가진 단어들을 사용하는 경향이 있다. 반면 영어는 전치사 혹은 부사구처럼 (보다 추상적인) 문법어들을 사용한다. 기차역 플랫폼에서 "Train **à destination de** Londres"를 볼 수 있다. 영어에서는 "Trains **to** London"처럼 한 개의 전치사로 같은 의미를 나타낸다. 영어가 동사를 사용한다면, 프랑스어는 명사에 의존하는 동사구를 사용한다. "She would **glance** now and then down the hall of the villa" → "Elle **jetait** parfois **un coup d'oeil** dans le couloir de la villa". 이러한 메커니즘을 알게 되면 훨씬 관용적인 언어로 표현할 수 있게 된다.

"살 붙이기 étoffement"(《불영 비교문체론》)가 있는 프랑스어의 특성은 다른 언어들, 심지어 스페인어 같은 가장 가까운 언어들과 비교해도 잘 드러난다. 셀린 잰스Céline Zins가 번역한 카를로스 푸엔테스Carlos Fuentes의 《정복자의 아들들Los hijos del conquistador》에서 몇 가지 예를 찾아볼 수 있다. "**nombrado** como yo" → "**qui prote le même nom** que moi"(pp. 24-25), "un ramillete mexicano de niñas **agraciadas**" → "bouquet mexicain de filles **favorisées par le sort**".[15] 각 페이지마다 예들을 찾아볼 수 있다. 이 방법은 언어에 상관없이 적용할 수 있다.

"변조"(혹은 "관점의 변화")는 의미에 영향을 미친다. 처음 시니피에에서 두 번째 시니피에로 이행하면서, 번역을 말할 수 있으려면, 두 시니피에가 상호적 합의 관계로 맺어져야 한다.

시니피에1 ↔ 시니피에2

15 Carlos Fuentes, *Los hijos del conquistador / Les Fils du conquistador* (1995), éd., trad. Céline Zins, Paris, Gallimard, coll. Folio bilingue, 2001.

다음은 구체적인 예이다(《불영 비교문체론》, p. 238).

The islands had been the **scene** of several attacks.	Ces îles avaient été le **théâtre** de plusieurs attaques.

"Scene"과 "théâtre" 사이의 '관계'는 부분에서 전체로의 관계이다. 《불영 비교문체론》은 또 다른 대응 목록을 제시한다. 1. "추상 대 구체 l'abstrait pour le concret" 혹은 "일반화 대 개별화 le général pour le particulier" ("to sleep **in the open**" ↔ "dormir **à la belle étoile**"). 2. "원인과 결과 혹은 수단과 결과, 실질과 대상 substance pour l'objet"("You're quite a **stranger**" ↔ "on ne vous voit plus"). 3. "부분과 전체"(인용된 예). 4. "한 부분과 또 다른 부분"("He cleared his **throat**" ↔ "Il s'éclaircit la **voix**"). 5. "단어들을 뒤집기"("The reckless swoop **downhill**" ↔ "les plongeons effrénés **du haut des collines**"). 6. "부정 대립"("he made it **plain**" ↔ "Il n'a pas **caché** que"). 7. "능동형에서 수동형 혹은 그 반대"("**Were you told** to wait for him?" ↔ "**Vous a-t-on dit** de l'attendre?"). 8. "공간과 시간"("This **in itself** presented a difficulty" ↔ "Cette opération présentait **déjà** une difficulté"). 9. 시간에서의 "간격과 경계"("**For** the period under review" ↔ "**depuis** notre dernier numéro"), 공간에서의 "간격과 경계"("No parking **between signs**" ↔ "**Limite** de stationnement"). 10. "상징의 변화"("He earns **an honest dollar**" ↔ "il gagne **honnêtement sa vie**"). 이러한 열거는 프레베르 Prévert 작품에 있는 목록이 아니다. "우리가 이 목록을 따라가다 보면, '수사학의 고전적인 기법들'을 다시 발견하게 된다. 일반적으로 하나의 같은 언어에 적용되었던 기법들이다. 그래서 1번은 '환유법 métonymie', 3번은 '제유법 synecdoque', 6번은 '완서법 litote', 9번은 '전유법 métalepse' 등을 연상시킨

다. 두 개의 커다란 수사적 비유 계열로 구분하면 흥미롭게도 앞서 변조를 위해서 지적한 양면성ambivalence이 다시 나타난다. 변조는 실제로 구조와 메타언어에 걸쳐있으며, 거기서 '사고의 문식文飾figures de pensée'과 '전의轉義figures de mots' 혹은 '비유tropes'로의 분기가 나타난다."[16]

우리는 그러한 표상 체계의 모든 장점뿐만 아니라 모든 단점도 본다. 시니피앙의 측면에서, 번역학이 분석 도구를 자유롭게 쓸 수 있는 것은 바로 현대 언어학(새로운 저서가 나올 때마다 끊임없이 갱신된다) 때문이다. 시니피에의 경우, 참조할 수 있는 것은 수사학, 궁극적으로는 문학이론이다. 따라서 이 두 가지 접근 축을 결합하는 것이 진정한 "차이 속에서의 등가"의 이론을 만들어낼 수 있다(로만 야콥슨). 단점은 또 다른 나머시 측면을 은폐하는 것이며, 바로 등가 속에서의 차이에 관한 것이다.

III. 번역 혹은 변형?

비네와 다르벨네의 《불영 비교문체론》은 저명한 캐나다 언어학자인 저자들이 번역의 문제가 제도적으로도 일상적으로도 중요한 이개어 국가 출신이라는 사실에 큰 영향을 받았다. 서문에서 저자들은 뉴욕에서 몬트리올로 향하는 "고속도로"로 우리를 데려간다. 그리고 눈앞에 교통 표지판들을 보여준다. "KEEP TO THE RIGHT. NO PASSING. SLOW MEN AT WORK (…). SLIPPERY WHEN WET." 캐나다 국경에서 이개어 표지판이 우리를 놀라게 한다. 차도 위에 커다란 글씨로 쓰인 "SLOW"에 이어 "LENTEMENT"이, "SLIPPERY WHEN WET" 다

16 *VD*, p. 236.

음에 "GLISSANT SI HUMIDE"가 뒤따른다. 다음과 같은 결론이 나온다. "한 언어만을 사용하는 프랑스인이 절로 그런 문장을 말하지는 않았을 것이다. –ment 어미로 된 부사로 길을 막을 수도 없었을 것이다."[17] 프랑스에서는 "DOUBLER À GAUCHE. DÉFENSE DE DOUBLER. RALENTIR TRAVAUX. (…) CHAUSSÉE GLISSANTE"[18]처럼 명확한 간섭이 없는 표현이 나타난다. 이런 맥락에서 "목표주의자적" 시각을 정당화할 필요는 없다. 스스로 입증되기 때문이다.

이개어 사전과 같은 필수적인 도구로 시작한다면 당연히 대부분 영역에서 같은 시각이 통용된다. 이개어 사전은 "his whole life flashed before him"/"il a revu le film de sa vie"[19] 등과 같이 완벽한 재배열을 요구하는 '관용적' 언술을 만들어내기 위해서 "**almost** (…) **ADV** presque ◆ **I had | forgotten about it** j'avais presque oublié"와 같은 직역으로 그쳐서도 안 되고, "◆ he | fell/died il a failli tomber/mourir"와 같은 "전이"나, "◆ He's | certainly been murdered Il est pratiquement certain 혹은 très probable qu'il a été assassiné"[20]와 같은 "변조"를 실행해서도 안 된다. 따라서 사전은 응용 "목표주의자적" 번역론의 거대한 영역을 구축한다.

또 다른 주요 응용 분야는 "실용pragmatique" 텍스트이다. "실무 번역traduction informative에서, 미학적 요구는 명백성, 표현의 엄격성, 글쓰기 규칙의 준수라는 제약에 자리를 양보한다."[21] 이것은 미학적 요구가

---

17 *VD*, p. 19.
18 *VD*, p. 22.
19 Dictionnaire français-anglais *Le Robert & Collins «Senior»*, Paris, 2002 (6e ed.), 표제어 "flash".
20 Dictionnaire français-anglais *Le Robert & Collins «Senior»*, Paris, 2002 (6e ed.), 표제어 "almost".
21 Jean Delisle, *L'analyse du discours comme méthode de traduction*, p. 32.

없다는 것이 아니라 의사소통 기능에 치중해야 한다는 것을 의미한다. 실용 텍스트 번역가는 '원천 언어'의 심층 지식만을 사용해서는 안 된다. 번역가는 '목표 언어'에서의 '저자'*rédacteur*의 태도도 견지해야만 한다. 그런 종류의 텍스트 번역은 흔히 상당한 일반상식과 함께, 경제, 과학, 법률 등과 같은 전문 분야에 대한 완벽한 지식도 요구한다. 문학에서 롤랑 바르트가 말하는 "현실 효과effet de réel"와 유사한 "투명성"의 효과는 대단한 숙련도를 요구한다.

실용번역과 문학번역을 너무 엄격한 잣대로 비교할 필요는 없는 것 같다. 하나가 "원천주의적"인 것이라면, 다른 하나는 그렇지 않다. 이 대립은 예를 들어 뤼트 아모시Ruth Amossy가 문학번역을 위해 제안한 것과 같은 클리셰cliché에서는 일부 무시된다. "클리셰는 문학번역에서 일상 담화, 신문 혹은 해학적 담화와 동일한 기능을 한다. 그럼에도 불구하고 클리셰의 사용은 시대와 텍스트의 장르 그리고 번역가가 고려해야 할 변수들의 미학적 기준에 따른다."[22] 따라서 선험적으로 "목표주의자" 번역에 대한 의존을 배제해야 하는 것은 문제가 되지 않는 것 같다. 게다가 그것은 대학 번역이 선택한 관점이다. "일반적으로 시험을 목적으로 한 번역은 출발 텍스트를 거의 그대로 따르려는 교육적 번역에 해당한다. (…) 사실 번역은 때때로 정확한 표현을 위해서 전이, 변조, 재배열이 필요하다. 그러나 이러한 변형은 아무 때가 아니라, 필요할 경우에만 일어난다."[23]

반대로, 사실주의가 문학의 여러 사조 중 하나인 것처럼 "목표주

---

22 Ruth Amossy, D'une culture à l'autre: réflexions sur la transposition des clichés et des stéréotypes, revue *Palimpsestes*, n° 13, *Le cliché en traduction*, éd. Paul Bensimon, Paris, Presses de la Sorbonne Nouvelle, 2001, p. 25.

23 Rapport du jury d'agrégation d'anglais, Paris, CNDP, 1998, p. 31.

의" 번역도 번역하기의 한 방식일 뿐이다. 목표주의 번역은 원래 "관용성" 혹은 우아함에서 벗어나는 텍스트의 번역에는 적용되지 않는다. 앙투안 베르만에 따르면 우아한 번역은 원작의 체계적 변형으로 귀결된다. 베르만은 13가지 방식을 열거하는데, 그것은 "합리화rationalisation", "명시화clarification", "확장allongement", "고상화ennoblissement", "동질화homogénéisation", "리듬의 파괴destrcution des rythmes", "기저 시니피앙 망의 파괴destruction des réseaux signifiants sous-jacents", "지역어 망의 파괴 혹은 이국화destruction ou l'exotisation des réseaux langagiers vernaculaires", "관용어의 파괴destruction des locutions" 등의 경향이다.[24]

그래서 소설가 로아 바스토스Roa Bastos가 인용한 스페인 속담 "a cada día le basta su pena, a cada año su saño"의 번역을 위해서 앙투안 베르만은 "à chaque jour suffit sa peine, à chaque année sa déveine(매일 그날의 고통으로 충분하고, 매년 그해의 불운으로 충분하다)"와 같은 "문학적이면서도 자유로운" 번역을 제안한다. 그는 "이 번역은 '노예와 같은' 단어 대 단어의 번역이 아니라, 다른 형태로 원어 속담의 두운 구조를 재현하는 것이다. 모사도 (문제가 되는) 재생산도 아니며, 시니피앙 작용에 주목한 문자에 대한 작업과 같은 것이다"라고 비평하고 있다.[25] 문학번역도 여기서 벗어날 수 없다.

---

24 Antoine Berman, *La traduction et la lettre ou l'auberge du lointaine*, pp. 49-68을 볼 것.
25 *Ibid.*, p. 14.

IV. 글쓰기의 이개어 병용과 자가번역

> 단어가 아닌 문장을 번역하고 '만일 프랑스어로 직접 썼다면 작가가 표현했던 것처럼' 아무런 손실 없이 사고와 감정을 표현하는 것이 중요하다. 이것은 끊임없는 속임수와 지속적인 의역에 의해서만 그리고 흔히 단순한 직역에서 벗어날 때만 가능하다.[26]
>
> 앙드레 지드André Gide, 〈앙드레 테리브에게 보내는 편지 Lettre à André Thérive〉, 1928.

오늘날, 원작의 우월성(16세기에 등장)과 작가의 우위성(낭만주의와 함께 출현)에 대한 개념은 일반적으로 모든 번역의 내재적 결여성으로 이어진다. 엄밀한 의미에서 번역은 원작이 될 수 없고, 번역가도 작가가 아니다.

원작의 신성화는 기본 원칙이다. 그러나 신성화는 때때로 파괴된다. 보르헤스는 다음과 같이 말하고 있다. "번역의 열등에 대한 맹신은—유명한 이탈리아 격언이 이를 만들어냈다—무지한 경험에서 비롯된다. 만일 우리가 그것을 충분히 실천한다면, 불변하고, 결정적이지 않을 단 하나의 좋은 텍스트는 없다."[27] 앞서 강조한 앙드레 지드의 인용은 폭넓게 공유되는 생각을 표현하고 있다. 번역가는 마치 작가인 것처럼 해야 하지만 작가가 아니기 때문에, 번역은 원작에 미치지 못한다고 비난받는다. 최상의 번역도 결국 대역에 지나지 않는다.

문학에서는 비교적 드문 현상인 자가번역은 나보코프Nabokov 혹은 베케트의 경우처럼(그들 작품의 상당 부분이 자가번역이다), 실제로 '글쓰기'

---

26 Robert Larose, *op.cit.*, p. 15 재인용(저자 강조).

27 Jorge Luis Borges, Les traductions d'Homère, trad. Jean-Pierre Bernes, in *Œuvres complètes* I, Paris, Gallimard, coll. La Pléiade, 1993, p. 291.

의 이개어 사용으로 확장된다는 점에서 바로 넘어설 수 없는 이상인 것처럼 되었다. 이러한 전형적인 예에서, 원작과 번역 그리고 작가와 번역가라는 전통적인 대립은 더 이상 존재 이유를 찾기가 어렵다. 따라서 자가번역이 쟁점이 된다.[28] 실제로 자가번역은 (넬슨 굿맨Nelson Goodman의[29]) 박사학위 논문의 논지를 무너뜨린다. 이 논문에 따르면, 문학작품은 온전히 원작에 속한다. "그러나 만일 작가에 의한 번역(혹은 1985년부터 쿤데라의 프랑스어 번역처럼 작가에 의해 '수정되고', 그때부터 '통제된')을 같은 작품의 또 다른 텍스트로 고려한다면, 이러한 허용은 대필번역으로까지 확대하지 않을 수 없다."[30] "대필이든", "자가번역이든", 모든 번역은 원작과는 완전히 다른 판본이다.

확실히 충실성의 정도는 달라지지만, 그것은 또 다른 문제이다. "어쨌든 번역이 불충실하다고 판단되면 무언가를 말하지 않을 수 없다. 《그리스도를 본받아L'imitation de Jésus-Christ》의 번역은 《밤의 끝으로의 여행Voyage au bout de la nuit》의 번역과 달리 진정으로 '너무' 불충실하다."[31] 예를 들어 아래에 인용된 1956년 베케트가 쓴 《엔드게임Fin de partie》의 한 대목은 다음 해 자가번역된다.

하나의 (좋은) 대필번역은 자가번역과 큰 차이가 나지 않는다. 자가번역 작품의 여러 곳에서 그 둘을 구별하는 것은 불가능하다. 대필번역과 자가번역 사이의 연속성을 설명해 주는 것은 없다.

실제로 전체 번역은 변형을 포함하고 있다. "직역에 의한 맹목적 재

---

28 Michaël Oustinoff, *Bilinguisme d'écriture et auto-traduction. Julien Green, Samuel Beckett, Voladimir Nabokov*, Paris, L'Harmattan, 2001을 볼 것.
29 Nelson Goodman, *Langage de l'art* (1968), trad. J. Morizot, Nîmes, Jacqueline Chambon, 1990, p. 248을 볼 것.
30 Gérard Genette, *L'œuvre de l'art*, Paris, Le Seuil, 1994, p. 202.
31 *Ibid.*, p. 203.

현이라는 생각은 문학적으로 아무런 의미가 없기 때문이다. (…) 이런 의미에서 한 언어에서 다른 언어로의 번역은 바로 하이퍼텍스트적인 형태라고 말할 수 있다. 번역은 엄밀한 의미에서 가장 충실한 모방이긴 하지만, 분명히 변형을 전제로 하기 때문이다."[32]

« Goddam Sir, non, vraiement, c'est indécent à la fin ! En six jours, vous entendez, six jours, Dieu fit le monde. Oui Monsieur, parfaitement Monsieur, le MONDE ! Et vous, vous n'êtes pas fontu de me faire un pantalon en trois mois! » *(Voix du tailleur, scandalisé.)* « Mais Miord ! Mais Milord ! Regardez – *(geste méprisant, avec dégoût)* – le monde... *(un temps)*... et regardez *(geste amoureux, avec orgueil)* – mon PANTALON ! »*	« God damn you to hell, Sir, no, it's indecent, there are limits ! In six days, do you hear me, six days, God made the world. Yes Sir, no less Sir, the WORLD! And you are not bloody well capable of making me a pair of trousers in six months! » *(Tailor's voice, scandalized.)* « But my dear Sir, my dear Sir, look – *(disdainful gesture, disgustedly)* – at the world - *(pause)* – and look – *(loving gesture, proudly)* – at my TROUSERS! »**

이 분석에 조금 더 의미를 부여하면, 반드시 "가능한 가장 충실한"이 아니다. 우선 "충실성"의 개념이 시대와 기대 지평에 따라 달라지기 때문이다. 요컨대, 예를 들어 텔아이브 학파의 "다중체계 이론"이 고려하고자 하는 복합 문화 기준에 따라서 달라지기 때문이다(이타마르 이븐-조하Itamar Even-Zohar, 기디언 투리Gideon Toury). 그리고 변형이 필연적으로 최소한으로 나타나는 것이 아니기 때문이다. 그것은 작가가 불충실한 것을 포함해서 모든 권리를 가지기 때문에, 번역이 번역적 다시 쓰기에 의존할 때 불충실한 미녀(진정한 번역처럼 고려되었다)와 동시에 자가번역을 배

32 Sophie Rabau, *op.cit.*, p. 237.
* Samuel Beckett, *Fin de partie*, Paris, Éditions de Minuit, 1957, pp. 37-38.
** Samuel Beckett, *Endgame*, Londres, Faber & Faber, 1958, pp. 21-22.

제할 것이다. 문학 이론이 같은 방식으로 말하려 하지 않는 모든 텍스트를 고려하는 것과 마찬가지로 번역학은 모든 번역을 고려해야만 한다. 바로 그 점에서 번역 비평이 중요하다(앙투안 베르만).

제5장

번역과 통역

I. 문어에서 구어로

"말은 사라지고, 글은 남는다." 문어와 구어는 서로 다른 법칙을 따른다. 두 경우 모두에게서 의미는 동일하다. 달라지는 것은 바로 시니피앙이 취하는 형태이다. 구어에서는 일시적인 시니피앙이 문어에서는 로마의 석비처럼 영속할 수 있다. 문학, 특히 시는 "시니피앙의 법칙"[1]에 매우 폭넓게 영향을 받는다. 로만 야콥슨에 따르면, 시적 기능은 "기호의 구체적인 측면을 명시하고, 그래서 기호와 사물의 근본적인 이중성을 심화시킨다".[2]

반대로 구어 번역은 주로 '시니피에'의 법칙에 따른다. 우리가 여러 차례 반복해서 읽을 수 있는 문어의 시니피앙과 달리, 연속된 말의 시니피앙은 우리의 기억에 따라서 사라진다. 따라서 결국 의미만이 남게 된다. 이러한 소멸은 《백과사전》에서 달랑베르가 언급하는 "문인"만큼의 기억을 가지거나 혹은 그렇지 않다는 사실과는 무관하다. 사실 다양한

1 Michèle Aquien, *L'autre versant du langage*, Paris, José Corti, 1997, p. 59를 볼 것.
2 Roman Jakobson, Linguistique et poétique, in *Essais de linguistique générale*, p. 218.

유형의 (장단기) 기억 형태가 존재한다. 그러나 우리가 메시지를 들을 때 사용하는 기억은 소위 "즉각적"이고 "매우 일시적인" 기억이다. 이 "짧은 기억"은 사람에 따라서 거의 변하지 않는다. 그래서 그것은 여러 실험이 보여주는 것처럼 매우 제한적이다. "의식에서 약 2-3초 동안 유지되는 것은 5-9가지 소리 연쇄 분절(단어, 문자, 숫자)이다."[3] 이러한 명백한 자료로 우리는 몇 가지 결과를 이끌어낼 수 있다.

우선 복잡한 문학 텍스트 번역은 필연적으로 "동시 번역"의 영역 밖에 존재한다. 훔볼트는 아이스킬로스의 《아가메논》을 번역하는 데 5년이 걸렸다. 이것은 보들레르가 에드거 앨런 포의 산문 작품들을 번역하는 데 걸린 시간과 거의 같다. 문학번역은 시간을 요구할 뿐만 아니라 시니피앙 차원에서 "짧은 기억"과 양립할 수 없는 특별한 작업을 요구한다.

그리고 시니피앙은 2-3초간의 기억 후에 사라지기까지 5-9개의 항목들을 나열하기 때문에, 기억해야 할 것은 시니피앙이 아니라 시니피에이다. 따라서 통역가들에게 주어진 작품에서 찾아야 하는 것은 당연히 "번역 단위"가 아니라 "의미 단위"이다. 의미 단위는 (맥락과 상관없는) "랑그의 단위"가 아니라 "담화의 단위"이다. "의미 단위를 구성하는 소리 연쇄는 고정된 길이를 갖지 않는다."[4] 《불영 비교문체론》 차원에서 어떤 병치를 표시하는 것은 별로 중요하지 않다. "번역가는 단어가 아닌 사고와 감정을 번역해야 한다는 원칙에 따라서 분석해야 할 단위는 사고의

3 G. A. Miller, Danica Seleskovitch, Marianne Lederer, *Pédagogie raisonnée de l'interprétation*, Paris, Didier Érudition/Office des publications officielles des Communautés européennes, 2002, p. 243 재인용.
4 *Ibid.*, p. 254.

단위이다."[5] 문학 번역이라는 매우 특이한 경우를 제외하면, 구어 번역이 제기하는 이러한 문제들은 문어 번역에서도 나타난다.

마지막으로, 의미 단위가 식별되면, 그것을 다른 언어에서 적절한 방식으로 표현해야만 한다. 구어도 마찬가지다. 바로 거기서 이런 유형의 번역 특징이 결정적인 역할을 한다. 사실, 문어에서는 서투른 번역이 언제나 용납할 수 없는 것은 아니다. 독자는 어느 정도 이해 가능하다고 생각하면서 크게 신경 쓰지 않는다. 구어 번역에서는 그렇지 않다. "통역가의 말은 완벽하게 이해할 수 있어야만 한다. 동시통역에서는 다소간 서툰 번역이 아니라 일상적인 표현으로 이해되어야만 한다."[6] 통역가의 "표현 언어"의 첫 번째 자질은 "명시성"이다. 반면 텍스트에서 불투명한 글은 명확해질 때까지 반복해서 다시 읽을 수 있다.

이러한 가능성은 우리가 담화 과정에서 되돌아갈 수 없는 2-3초의 "감지 범위"만을 사용하는 경우에는 배제된다. 문학 텍스트가 아닌 경우, 명시성은 공통된 관용적 언어의 기능에 의해서만 정의될 수 있다. 다시 말해서 구어 번역은 "원천주의자적" 시각(과도한 모사에 의존하기 때문에 불투명한 언어)이 아닌 "목표주의자적" 시각(관용적이기 때문에 명시적인 언어)을 가질 것이다. "만일 통역이 즉각적인 명시성을 가지지 않고 그리고 통역가가 '마치 작가인 것처럼' 자발적으로 자신의 언어로 표현하는 대신 다른 언어에 의해 주어진 것처럼 생각을 표현한다면, 통역은 바로 불투명하게 된다."[7] 그러한 필요성 때문에, 통역가는 다른 언어("B" 언어 혹은 심지어 "C" 언어 등)가 아니라, 모국어("A" 언어) 방향으로 번역을 하는 것

5 *VD*, p. 37.
6 Danica Seleskovitch, Marianne Lederer, *op.cit.*, p. 137. 이후 *SL*로 약기.
7 *SL*, p. 137(저자 강조).

이 이상적이다.

구어 번역은 특히 통역가에 의해 실행되기 때문에 매우 특별한 조건에서 한 언어에서 다른 언어로의 이행을 지배하는 메커니즘을 밝히기 위한 뛰어난 실험실이다. 말하자면 "실시간으로", 다시 말해서 정상적인 말하기 속도로 번역을 하는 것일 뿐만 아니라, 통역가의 언어로 직접 표현되었다고 하더라도 발화된 말의 "작가"가 하려고 했던 것처럼 표현되도록 하려고 하기 때문이다. 더 일반적으로 말해서, 구어 번역은 "원천주의자적" 시각을 가장 효과적으로 관찰할 수 있는 분야이다.

II. 번역과 복원

구어 번역이 시니피에의 논리에 따른다고 해서 시니피앙의 논리가 아무런 역할을 하지 못한다는 것은 아니며, 오히려 그 반대이다. 통역가 자신이 담화의 저자이며, 이것은 내용과 형태를 모두 고려하게 된다. "여기서 우리는 통역가의 경우에, 담화의 문체style와 웅변가의 웅변술을 상기시키는 것이 좋을 것이다."[8] 문어 번역과 마찬가지로, 통역가에 관한 이론서에서 세 가지 기본 단계를 발견하게 된다. 1. 단어 대 단어 번역의 거부. 2. 의미의 복원. 3. 이러한 복원을 위한 형태.

단어 대 단어의 번역은 다른 경우와 마찬가지로 미숙한 결과를 만들어내며, 빠른 번역 연습으로 악화된다. 심지어 다음과 같이 쉽게 이해할 수 있는 글인 경우도 마찬가지다.

---

8 *SL*, p. 112.

Original: « We must strke a decent balance between the burgeoning demands of more people for a better life and the inescapable reality of a fragile environment. »	« Simultiste en début d'apprentisage » : « Nous devons avoir un équilibre entre la demande de... que posent des populations de plus en plus nombreuses pour avoir une vie meilleure... et l'équilibre entre les considérations environ... de l'environnement qui est très fragile. »*

가장 훌륭한 번역은 아마도 "Il faut un équilibre entre les exigences multiples de tous ceux qui veulent une vie meilleure et les graves dangers qui menacent l'envionnement"[9]가 될 것이다. 실제로 대부분의 학생들에게서 단어를, 그리고 단어만을 생각하는 경향이 나타난다. 그리고 이 수업의 모든 번역 교수자들은 곧 "원문에 있는 단 하나의 단어라도 빠트리지 않으려는 것이 충실성에 대한 절대적인 보증인 것 같다. (…) 입문자들은 단어에 '집착한다'. 본능적으로 원문과 번역문 사이에서 양적인 균일성을 유지하려고 한다"[10]는 문제를 알게 된다. 이 "심층적 본능"은 유리엘 바인리히Uriel Weinreich가 자신의 유명한 저서인 《언어 접촉Languages in Contact》(1953)[11]에서 분석한 "간섭"에 해당한다. "두 언어 A와 B가 접촉하는 순간에, 주체 1은 각 언어를 원어민처럼 인식할 수 있다면, 주체 2는 A 언어에 흔적으로 남은 B 언어를 사용할 것이다."[12] 심지어 동시통역의 경우에는 그런 주체 1이 주체 2의 상황에서 다시 나타나게 될 것이다. 동시 번역은 "자연스러움에 반하는 연습"인 것 같아서 "동시 번역은

* *SL.*, p. 149.
9 *SL.*, p. 150.
10 *SL.*, p. 149.
11 Uriel Weinreich, *Languages in Contact,* La Haye, 1962 (New York, 1953).
12 Uriel Weinreich, Unilinguisme et multilinguisme, in *Le langage*, éd. André Martinet, Paris, Gallimard, coll. Encyclopédie de la Pléiade, 1968, p. 649.

동시통역을 처음 시작하는 순차 번역자들이 때때로 자신의 언어를 말할 줄 모른다는 인상을 준다는 점에서 표현을 부자연스럽고 거북하게 만들기"[13] 때문이다.

"더 이상 자신의 언어를 말할 줄 모른다"는 인상은 매우 불안한 감정으로 다른 사람과 접촉하는 모든 사람이 이르던 늦던 다소간 강렬하게 느끼는 감정이다. 클로드 에스터반Claude Esteban는 《단어의 공유Le partage des mots》에서 이러한 감정을 다음과 같이 감탄스러울 정도로 요약하고 있다. "단어에 내재된 의미의 핵심이자, 구어적 특성과 불가분의 관계를 맺는 의미 가치는 모순되는 시니피앙의 파도에 용해되었으며, 내 정신은 시니피앙의 수동적 집합소가 되어버렸다."[14] 요컨대, 우리가 완벽하게 이개어 사용자이든 아니든 분명히 피할 수 없는 이 단계를 어떻게 극복할 수 있겠는가?

실제로 매우 중요한 문제이다. "동시 번역의 문제가 바로 거기에 있다. '다른 언어에 대한 끊임없는 전쟁', 제시해야 할 형태와 수용하는 형태의 분리에 대한 확고한 노력."[15] 적은 보다 정확하게 말해서 랑그가 아니라 문자이다("시니피앙"일 수도 있고, 또한 "단어"일 수 있다). "번역 연습 초기에는 '같은 단어들'을 말하지 않으려고 노력해야만 한다. 만일 두 언어의 단어들이 유사하더라도, 항상 매우 미묘하게 다르기 때문에 우리가 말하고자 하는 것과 다른 것을 말할 위험을 감수하지 않고자 한다면 그 사용을 피하는 것이 좋을 것이다."[16] 달리 말하면, 두 언어가 가까울수록, 그 언어를 점점 더 쉽게 배울 수 있다(일반적으로 프랑스어권 사람들은

13 *SL.*, p. 133.
14 Claude Esteban, *Le Partage des mots*, Paris, Gallimard, 1990, p. 33.
15 *SL.*, p. 133(저자 강조).
16 *SL.*, p. 156.

중국어보다는 스페인어를 더 쉽게 배울 것이다). 그렇지만 이러한 유사성은 심지어 통역자에게는 큰 걸림돌이 될 것이다. 간섭의 원천들은 프랑스어–스페인어 쌍에 비해서 프랑스어–중국어 쌍에서 덜 고려될 것이다. 높은 언어 능력에서, 어려움의 정도는 역설적으로 역전된다.[17] 결국 "학교 학습"에서 언어들의 등급(스페인어와 이탈리아어는 영어보다 더 쉽고, 영어는 독일어와 러시아어보다 쉽다. 그리고 이 언어들은 라틴어와 그리스어보다 쉽다)은 우리가 어느 수준에 있는지에 따라서 달라질 수 있다.

이러한 경험적 검증(프랑스어와 반대의 통사를 가지는 독일어를 일반적으로 참조어라고 한다)에서 출발하는, 성 히에로니무스의 규범(단어 대 단어가 아니라, 의미 대 의미를 표현해야 한다)은 그의 마지막 결론까지 이어진다. 번역하기, 그것은 "탈언어화déverbalisation"를 실행하는 것이다. 달리 말해서, 시니피앙을 넘어서는 것이다. 아래 도식이 이를 명시적으로 보여준다.[18]

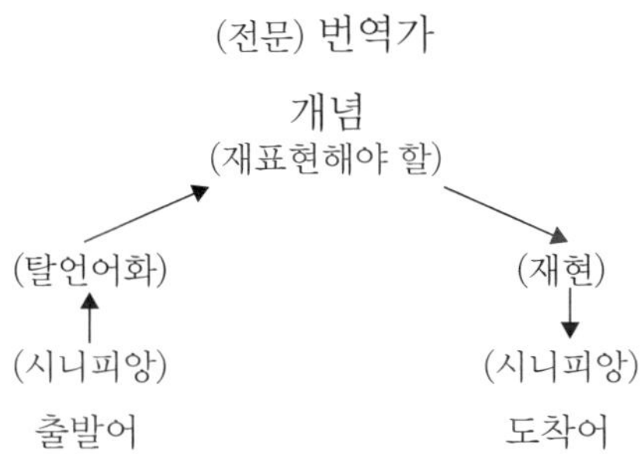

이러한 도식화의 주요 이점은 번역이 문학 혹은 언어 작용일 뿐만 아니라 개념적 작용이기도 하다고 수상하는 데 있다. 번역가는 다가수의 단순한 실행자이자 기술자인 것만이 아니다. 번역가가 실행하는 작용

---

17 *SL.*, p. 142 및 이하를 볼 것.
18 Jean Delisle, *L'analyse du discours comme méthode de traduction*, p. 39를 볼 것.

은 '개념'적 차원에 속한다. 번역은 무엇보다도 피아제의 의미로 "인지적" 작용이다. 다니카 셀레스코비치Danica Seleskovitch와 마리안 르드레르Marianne Lederer가 자신들의 관점에서 번역가의 활동을 단순한 "코드 전환"으로 축소시킨다는 이유로, 첫 번째 저서인 《번역을 위해 통역하기Interpréter pour traduire》(1984)에서 거부감을 보인 언어학은 《불영 비교 문체론》(1958) 이후로 상당한 발전을 이루었다. 예를 들어, "화행" 혹은 "화용" 언어학은 오늘날 같은 행보를 보인다.

그런 시스템의 가장 큰 단점은 문학 번역에는 적용되지 않는다는 것이다. 보다 일반적으로 말해서, 시니피앙이 그 자체만으로 고려되어야만 하는 번역에는 적용이 안 된다는 것이다. "예술 텍스트"[19]를 어떻게 해야 하는가? 이 분야에서는 "형식"과 "내용"을 대립시키는 이분법적 시각은 무의미하다. 반대로 "동시" 통역가의 경우에, "탈언어화"는 필수적인 역할을 한다. 그렇지만 이 "부자연스러운" 능력을 어떻게 습득하는가? 한 학생이 다음과 같은 통역을 할 수 있을 것이다(아래 도표 참조).

Original: « In regard to the economic and social situation, despite efforts by the international community towards helping developing countries in their endeavors to achieve greater growth and development, and despite the fact that we have made our way through the second development decade, the gap between the rich and the poor, between the haves and the have nots continues to widen. »*	Étudiant : « Si l'on considère la situation internationales sur le plan économique et social et malgré les efforts réalisés par la communauté internationales pour assister les pays en voie de développement dans leurs efforts de véveloppement et de croissance, et bien que nous soyons maintenant dans la 2e décennie de développement, nous sommes obligés de constater que le fossé entre les pays riches et les pays pauvres, entre les possédants et les non-possédants ne cesse de s'élargir. »**

19 Iouri Lotman, *La structure du texte artistique*, trad. Anne Fournier *et al.*, Paris,

의미상의 오류는 전혀 없다. 무엇보다도 단어 대 단어 번역에 비해 《불영 비교문체론》의 "전이"와 "변조"에 해당하는 변형들이 자연스럽게 시행되었다는 것을 확인할 수 있다. "In **regard** to" → "Si l'on **considère**", "in their endeavors **to** achieve greater growth and development" → "dans leurs efforts **de** développement et de croissance" 등. "연사와 동화되는 데 어려움"을 가진 이 학생은 "연사를 진부한 말만을 하는 것같이"[20] 보이게 하는 번역을 한다. 다음은 교수자의 통역이다.

> « Monsieur le Président,
>
> La situation économique et sociale des pays du Tiers Monde a certes été marquée par les efforts accomplis par la communauté internationale pour leur venir en aidc, et il est exact que cette aide a été bénéfique à la croissance qu'ils s'efforcent de réaliser Nous n'oublions pas non plus que nous nous trouvons dans la deuxième décennie du développement telle qu'elle a été décrétée par les Nations unies. Et pourtant... il n'en reste pas moins que l'écart entre les nantis et les déchérités ne fait que s'accroître de jour en jour. »*

원문은 60개의 단어로 된 단 하나의 문장으로 되어 있다. 학생은 75개의 단어를 사용한다(+20%). 영어보다 더 "분석적인" 언어인 프랑스어는 더 많은 단어를 사용한다. 교수자는 94개의 단어를 사용하고 있다(〉50%). 이러한 차이는 순전히 언어적 조절의 범주를 넘어선다. 두 번째 번역은 확실한 기교가 포함된 두 가지 계열의 매우 뛰어난 변형으로 차별화된다. 원문이 "통사"를 따르는 대신, 교수자는 많은 재배열을 실

Gallimard, 1973 (Moscou, 1970)를 볼 것.
* *SL.*, p. 110.(98쪽)
** *SL.*, p. 108.(98쪽)
20 *SL.*, p. 109.
* *SL.*, p. 108.

행한다(한 문장이 아닌 세 개의 문장). 원문 담화가 영국식 정원의 풍모를 풍긴다면, 통역가의 담화는 프랑스식으로 다듬어졌다. 세 개의 부분, 세 개의 문장, 세 개의 강조로 된 논증("certes" + "nous n'oublions pas" → "Et pourtant…") 등.

마지막 문장에 대한 두 통역을 비교하는 것이 본 문제의 전형이 된다. 같은 내용이지만, 하나는 부자연스러운 프랑스어이고, 다른 하나는 "무결점의" 프랑스어이다.[21] "Nous sommes obligés de constater que le fossé entre les pays riches et les pays pauvres, entre les possédants et les non-possédants ne cesse de s'élargir."/"Et pourtant... il n'en reste pas moins que l'écart entre les nantis et les déchérités ne fait que s'accroître de jour en jour." 통역가는 웅변술의 규칙을 알아야 한다. "웅변술은 표현의 단순한 질을 넘어선다. 재능이 필요하다. 양식적 담화discours de style를 통역한다는 것은 웅변가에 의해 의도적으로 선택된 단어들을 준수해야 하는 것을 요구하는 것이 아니라, 고상한 혹은 대중적으로 의도된 언어의 문채 혹은 의도적인 냉랭함과 활기찬 어조 등을 회복할 것을 요구한다."[22]

첫 번째 계열의 변형은 고전 수사학이 "화술élocution"이라고 불렀던 것("문체" 혹은 더 정확하게 말해서 웅변가의 "문체화mise en style")[23]에 속한다. 두 번째 계열은 전자와 관련이 되는데 화행적 차원의 요소("Monsieur le Président", "certes", "Nous n'oublions pas non plus", "Et pourtant")를 추가하는 것이다. 게다가 이 요소들은 "행동"에 속한다("행동으로의 이행, 담화의 발음, 행동과 적절한 흉내. 이것 없이는 아무리 뛰어난 연설이라도 감동을 주지 못할 것이

21 Pierre Bourdieu, *Ce que parler veut dire*, Paris, Fayard, 1982를 볼 것.
22 *SL.*, p. 113.
23 Olivier Reboul, *La rhétorique*, Paris, PUF, coll. Que sais-je?, n° 2133, 1984, p. 26을 볼 것.

다").[24] 통역가는 자신이 번역하는 말의 인물을 '재현하는' 법을 배워야만 한다. 이러한 행위자-웅변가의 형태는 설령 통역가가 "작은 통역실"에 있다고 하더라도 무시되어서는 안 된다.

그 정도의 숙련도에 이르기 위해서는 "순차" 번역 훈련을 해야만 한다. 주로 통역가가 하는 이런 형태의 번역은 말이 발화된 순간이 아니라, 일정한 시간이 흐른 후에 번역이 이루어진다. 문장 대 문장이 아니라, 일반적으로 처음 구조가 아닌 내용을 기억할 수 있는 충분히 긴 시간. 훈련은 일반적으로 필기가 동반된다. 고급 수준에서는 경제, 과학, 법률 등 모든 주제가 가능하다. 이것은 해당 분야에 대한 매우 전문적인 지식을 요구한다. 그러한 지식은 조금씩 축적된다. "순차" 기법은 다음과 같은 글들을 활용하면서 일반적인 문화와 관련된 주제들로 습득될 수 있다. "시사 정보를 제공하는 신문이나 잡지의 주요 기사들, 학생들이 쉽게 읽을 수 있는 대중적인 텍스트들. 학생들에게 '그 텍스트들을 긴 글로 재구성하도록 요구하거나, 일관성을 유지하도록' 요구할 것이다."[25] 훈련은 구어로 이어진다. "순간성을 가지는 구어 속도"를 따라잡을 때까지다.[26]

따라서 교육은 본질적으로 우리가 알고 생각할 수 있는 것처럼 언어가 아닌 "재표현"을 습득하는 데 있다. 언어는 이미 습득한 것으로 생각한다(대학 3년 혹은 되도록 4년의 성공적인 학습이 최소한의 조건으로 요구된다. 통역 공부는 전문적인 것이다).[27] 공부의 필수적인 것(발표, 종합synthèse, 토론 등)은 'A 언어'에서 이루어진다. 그것은 야콥슨이 중시하는 첫 번째 번역 형

24 *Ibid.*, p. 27.
25 *SL.*, p. 21(저자 강조).
26 *SL.*, p. 25.
27 *SL.*, p. 289.

태이다. 자신의 고유 언어에 익숙해져야 한다. 그래서 모든 표현법을 알아야만 한다. 이를 통해서 즉시 인종차별에 대항하는 공격을 번역할 수 있다. "Mr Chairman, enough is enough! The International community will no longer tolerate South Africa's arrogant defiance of the international demands ans laws"는 "Monsieur le Président! En voilà assez! la communauté internationale ne saurait tolérer plus longtemps l'arrogance de l'Afrique du Sud, son mépris du droit et de l'arbitrage international"로 번역된다.[28]

그것은 퀸틸리아누스Quintilien 문체 연습으로 거슬러 올라가지만, 현대 수사학과 웅변술에 관련되는 전통, 엄밀하게 말해서 "목표주의자적" 전통을 부인하는 것이다. 때로는 우리는 원문보다 더 많은 단어를, 때로는 더 적은 단어를 사용할 것이다. "제유법"(부분으로 전체를 표현)의 기호에 위치한 "재구성"을 보는 것이 낯설지 않게 될 것이다.[29] 우리는 또 다른 양식의 비유에 쉽게 의존할 수도 있다. 그래서 또한 시니피앙의 논리에 의존할 수도 있다.

III. "자동" 번역

언어학에 기반한 번역에 대한 가장 최근 저서들은 한 언어에서 다른 언어로의 이행을 가능하게 하는 작용들을 '이해하기' 위해서 적절하게 만들어진 코퍼스가 아닌, 실제 번역에서 "번역 문제들"을 더 미세하게 분석할 수 있도록 한다.

---

28 *SL.*, p. 114.
29 *SL.*, p. 246을 볼 것.

Beyrouth – Constamment en déplacement dans les diverses capitales arabes ou en tournée dans les bases de fedayin et les camps de réfugiés, sans domicile fixe, ne dormant jamais deux nuits consécutives au même endroit, M. Yasser Arafat, dont les mouvements sont entourés du plus grand secret pour des raisons de sécurité, passe pour être un homme insaisissable, même pour ses collaborateurs les plus proches. *Le Monde*, 10 mai 1974.	Beirut – Even his closest associates see Arafat as something of a will o'the wisp. He is forever hopping from one Arab capital to another or doing the round of fedayeen bases and refugee camps: he has no fixed address and, for security reasons, never spends two nights in a row under the same roof. *The Guardian Weekly*, 18 mai 1974*

문외한이나 말하자면 대학 일학년(혹은 그 이상의) 학생들, 심지어 뛰어난 수준의 학생들(이개어 사용자이든 아니든)도 이성보다는 오히려 변덕으로 보일 수도 있을 수많은 변형으로 혼란스러워할 것이다. 그들은 보다 "직역적인" 번역이 선호되는 것이 아닌가?라고 말할 것이다. 자클린 기유맹-플레셰르Jacqueline Guillemin-Flescher가 앙투안 퀼리올리Antoine Culioli의 "화행 작용 이론"을 토대로 설명했던 것처럼 다음과 같은 내용을 안다면 모든 것은 분명해진다. 1. 영어는 규범적인 어순(주어+동사+보어)을 준수하는 경향이 있으며, 이 구성소들 사이에 어떤 요소들도 삽입되지 않는다. 프랑스어는 반대의 경향을 보인다. 프랑스어에서 주어("M. Yasser Arafat")는 뒤늦게 출현하지만, 영어에서 주어("his closest friends")는 즉각적으로 나타난다. 2. 영어는 등위절을 사용하지만, 프랑스어는 종속절을 사용하는 경향이 있다. 그래서 "dont les mouvements sont entourés du plus grand secret"절은 다시 쓰기(이 경우에는, 종속절에서 주절로의 변형)가 필요하다. 3. 영어가 동사의 "현실적" 형태(현재, 현재완료, 과거)를 사용

* Jacqueline Guillemin-Flescher, *Syntaxe comparée du français et de l'anglais*, Gap, Ophrys, 1981, p. 110.

하는 반면, 프랑스어는 "비현실적" 형태(대과거, 전과거, 부정법과 분사구와 같은 비인칭)를 빈번하게 사용한다. 그래서 "ne dormant jamais deux nuits consécutives au même endroit"과 같은 분사구문은 주절("he […] never spends two nights in a row under the same roof")로 변형된다.

이러한 "작용들"의 메커니즘을 보는 것은 흥미롭다. 이 작용들로 교수자는 번역의 고유한 실천을 설명할 수 있으며, 학생은 한 언어에서 다른 언어로의 이행을 숙달할 가능성을 가지게 된다. 실제로 학생은 그러한 분석을 문법책이나 사전에서는 찾지 못할 것이다. 번역학 저서들은 학생에게 빈번하게 필요한 중급 문법서를 제공할 것이다. 그리고 대학 수준에서 그것의 도입(최소한 프랑스에서)은 여전히 최근이다.

그러한 태도는 다음과 같은 비판을 가져온다. 어떻게 번역을 단순한 일련의 "작용"으로 축소시킬 수 있을 것인가? 사실, 이 표현을 "자동번역"의 예들, 다시 말해서 기계, 오늘날의 컴퓨터의 도움으로 실행되는 번역의 예들이 대립적으로 입증하고 있는 것처럼 순수하게 기계적인 의미로 이해되어서는 안 된다. 제2차 세계대전 말에 나타난 전산학의 출현은 우리가 마침내 "번역 기계"를 만들고 있다는 사실에 확신을 주었다. 이것은 바벨탑의 저주를 받은 인간을 흥분시키는 것이었다. 그러나 1990년에 자동번역은 유럽과 미국에서 인간 번역에 비해 겨우 0.83%를 차지했을 뿐이다(일본에서는 그 비중이 전체적으로 2.33%였다).[30] 그렇지만 유럽공동체 위원회Commission de la Communauté européenne가 사용한 시스트란SYSTRAN과 같은 번역 기계에 의한 결과는 다음과 같이 무시할 수 없는 예를 보여준다.

---

30 Anne-Marie Loffler-Laurian, *La traduction automatique*, Lille, Presses Universitaires du Septentrion, p. 14를 볼 것.

Original – Construction companies are required to notify the inspectorate of sites lasting six weeks or more; much of the work of small companies lasts less than this time, and locating the work site of small companies cans be a difficult and time-consuming process.	TA – Des sociétés de construction **sont exigées d'informer l'inspectorat** des **emplacements durant** six semaines ou davantage : une grande partie **du travail de petites sociétés dure moins que ce temps**, et le **repérage de l'emplacement de travail de petites sociétés** peut être un processus difficile et long.*

텍스트는 그대로 읽기가 가능하지만, 굵은 글씨체의 글은 다음과 같이 교정자의 "후편집postédition"이 필요하다. "Les entreprises de construction sont tenues de notifier à l'inspection les chantiers d'une durée de six semaines ou plus : une grande partie des travaux des petites entreprises ont une durée inférieure, et la localisation des chantiers peut s'avérer longue et difficile."

따라서 자동번역은 진정한 '재화행'을 전제하는 번역학 저서들에서 분석한 "번역 작용들"에 미치지 못한다. 엄밀하게 말해서 부자연스러울 수밖에 없는 기계가 할 수 없는 부분이다.

* *Ibid.*, p. 110.

제6장

번역의 기호들

I. 하나의 기호 체계에서 다른 기호 체계로

로만 야콥슨이 구분했던 번역의 세 번째 형태인 "기호 간" 번역은 "언어 기호를 비언어 기호 체계를 사용해서 번역하는"[1] 것을 가리킨다. 이 정의는 자의적일 수 있는데, "한 기호 체계에서 다른 기호 체계로, 예를 들어 랑가주의 예술에서 음악, 무용, 영화 혹은 그림의 예술"[2]로의 전이는 "번역"의 일반적인 개념과는 상당한 거리가 있다.

무엇보다도 예술 분야에서 토머스 하디Thomas Hardy의 소설 《더버빌 가의 테스Tess of the d'Urbervilles》(1891)가 로만 폴란스키에 의해 영화화(*Tess*, 1979) 될 수 있었던 것과 같은 가능한 "전이들"이 존재한다는 것을 부인할 수 없을 것이다. 그렇지만 이것은 "번역"이라기보다는 "각색"이라고 할 수 있다. 이 용어의 사용은 설령 〈점 선 면〉에서 칸딘스키가 다양한 예술들의 비교를 시도했고,[3] 마찬가지로 《현대 예술 이론Théorie

1 Roman Jakobson, Aspects linguistiques de la traduction, *op.cit.*, p. 79.

2 *Ibid.*, p. 86.

3 Wassily Kandinsky, *Point et ligne sur plan*(1926), trad. S. et J. Leppien, Paris, Gallimard, 1991, pp. 52-53, 116 및 이하를 볼 것.

de l'art moderne》에서 파울 클레Paul Klee가 형태의 진정한 문법의 요소들을 제시하였다고 하더라도,[4] 무소륵스키Moussorgski의 〈전람회의 그림Tableaux d'une exposition〉(1874)처럼 회화 작품을 "재현하는" 것으로 간주되는 음악 작품의 경우보다 더 은유적인 것 같다.

보들레르의 시 〈상응Correspondances〉처럼 "모든 것은 랑가주이기" 때문에, 모든 것은 번역이라고 너무 섣부르게 결론을 내리는 태도는 분명 비난받을 것이다. 그러한 변형은 중요한 연구 대상이 된다. 그렇지만 그것은 오히려 전이에 속한다. 여기서는 "모방"의 부분이 너무 커서 우리가 일반적으로 이해하는 의미의 번역에 대해서 말할 수 없다.

반면에, "기호 간" 차원은 근본적으로 다가치적인 시니피앙 자체의 영역에서 시작해야 하는 필수적인 조건이다. 한 페이지에 쓰인 단어들은 시각적 시니피앙이다. 그러나 그것은 말에 의해 청각적 시니피앙으로, 기호의 랑가주에서는 몸짓으로, 점자에서는 접촉 시니피앙으로 번역될 수 있다. 이러한 기호의 자가 번역 능력은 너무나 자연스러워서 실제 일상에서는 거기에 거의 주의를 기울이지 않는다. 때에 따라서는 이런저런 방식을 선택할 수 있을 것이다. 게다가 동시에 여러 선택을 할 수 있다(반복 연습을 할 때 큰 소리로 텍스트를 읽는 배우처럼). 따라서 시니피앙의 형태는 그 자체로 비시니피앙이 되며, 이것은 환경에 의존한다.

랑가주가 시적 기능을 가질 때에는 다른 식으로 전개된다. 그래서 "상호기호성"이 최대로 작용할 수 있다. 중국어 시적 글쓰기가 하나의 전형적인 예가 될 수 있다. 서양 전통에서 "문자lettre"의 등가는 "글자caractère"이다. 그것이 무한한 '내적' 결합의 원천이다. 그래서 한 시의

---

4 Paul Klee, *Théorie de l'art moderne*(1925), éd., trad. P.-H. Gonthier, 1984를 볼 것.

행에서 다음과 같이 단어 대 단어로 번역되는 다섯 글자가 열거되는 것을 본다. "branche(가지)" + "bout(끝)" + "magnolia(목련)" + "fleurs(꽃)". 프랑스어의 피한정사 + 한정사 어순("une rose rouge")이 아니라 영어처럼 반대 어순("a red rose")인 중국어 통사를 프랑수아 챙François Cheng은 다음과 같이 번역한다. "Au bout des branches, fleurs de magnolia(가지 끝에, 목련 꽃)."[5] 그러나 시니피앙의 '시각적' 모습은 그 자체가 시에 통합되게 한다. "독자, 심지어 중국어를 모르는 독자도 그 연속성이 운문의 의미와 일치하는 글자들의 시각적 측면을 느낄 수 있다. 순서대로 글자들을 읽으면서 실제로 꽃이 피는 나무의 개화 과정에 참여하는 인상(첫 번째 글자는 벌거벗은 나무, 두 번째 글자는 가지 끝에서 탄생하는 어떤 것, 세 번째 글자는 꽃봉오리의 발아 […], 네 번째 글자는 봉오리의 발화, 다섯 번째 글자는 만개한 꽃)을 가진다."[6] 중국 시는 번역이 불가능하다고 추론할 수 있다. 경우에 따라서 모든 시에 대해서 같은 말을 할 수 있을 것이다. 이것이 야콥슨이 말한 결론이다. 그리고 줄리앙 그린이 《랑가주와 이중성Langage et son double》에서 말한 것이기도 하다.

거기서 일반적인 언어와 특별한 번역의 "결함"을 보기보다는, 오히려 베냐민 혹은 보르헤스처럼 풍부화enrichissement의 원천을 찾을 수 있다. "랑그의 단위"는 소쉬르가 《일반언어학 강의》에서 믿었던 것처럼 고정된 단위가 아니라, "차이 단위"이다(이 책 32쪽 참조). 이것은 세르반테스의 번역가인 알린 슐만Aline Schulman이 말했던 것처럼 "모든 번역은 다시 쓰기다"라는 것을 확언하는 것이다.[7] 그렇지만 우리는 문학을 벗어날

---

5 François Cheng, *L'écriture poétique chinoise* (1977), Paris, Le Seuil, 1996, p. 18 및 이하를 볼 것.

6 *Ibid.*, p. 18.

7 Aline Schulman, Jorge Luis Borges et la traduction, in *Dix-septièmes assises de la*

수 있다. 예를 들어, 프랑스어 사용자에게 "sea"라는 단어처럼 외국어의 첫 번째 단어가 시작되면 '시니피앙'을 통해서 새로운 세계가 열린다. 시니피에 차원에서 "sea" = "mer"의 등가성을 제기하는 것은 이 경우에 큰 문제가 되지 않는다. 가장 흥미로운 활동인 하나의 기호 체계에서 다른 기호 체계로 이행하는 것이 바로 차별화 작용이다.

II. 번역과 세계화

우리는 "지구촌"의 시대에 살고 있다고 생각한다(사실 오래전부터 "세계적 마을"이었다). 오늘날 너무나 익숙해진 이 표현은 1964년에 마셜 맥루한Marshall McLuhan이 《미디어를 이해하기 위하여Pour comprendre les média》에서 처음으로 사용하였다.[8] "세계화" 시대에, 어떤 사람들은 세계화가 특히 언어 차원에서 그리고 인터넷으로 대변되는 새로운 정보 기술과 새로운 통신 기술 덕택에 계속해서 우리에게 가져다주는 혜택들에 의해서만 판단한다. 점차 정치, 경제, 문화 수준에 상관없이 사회와 세계의 기술적인 시각에 긍정적 평가가 나타난다. 그래서 빌 클린턴Bill Clinton의 옛 조언자이자 노벨 경제학상을 수상한 조지프 스티글리츠Joseph E. Stiglitz는 2002년에 《세계화와 그 불만Globalization and its Discontents》을 썼다. 이 책의 프랑스어 제목인 "La Grande Désillusion"(《거대한 환멸》)[9]은 의미심장한 "변조"를 보여준다. 오늘날 우세한 신자유주의적이고 기술주의적인 세계하는 운명적인 것이 아니다. 도미니크 볼통Dominique

traduction littéraire (Arles, 2000), ATLAS/Actes Sud, 2001, p. 93.

8 Marshall McLuhan, *Pour comprendre les média*, trad. Jean Paré, Paris, Le Seuil, 1968 (Understanding Media, New York, 1964)를 볼 것.

9 Joseph E. Stiglitz, *La grande désillusion*, trad. Paul Chemla, Paris, Fayard, 2002.

Wolton이 자신의 책 《또 다른 세계화L'autre mondialisation》[10]에서 말했던 것처럼 거기에 반대하는 목소리가 커지고 있기 때문이다.

볼통은 세계화를 세 가지로 구분하고 있다. 첫 번째는 제2차 세계대전의 결과로 각 나라와 문화를 존중하는 국제 질서를 보장할 목적으로 탄생한 국제연합과 일치한다. 두 번째는 30년 영광Trente Glorieuses의 시작인 시장 경제의 세계적 확산에 해당한다. 마지막으로 세 번째는 정치, 경제뿐만 아니라 문화적인 것과 관련된다. 이 "또 다른 세계화"는 대단히 중요하다. 정보는 커뮤니케이션과 동의어라고 주장하려는 순진한 시각과 달리, "21세기 초의 중요한 사건도 (…) '정체성-문화-커뮤니케이션의 끔찍한 삼각구도'의 부상이다. 국제 테러로 시작된 분쟁과 정치적 망상들이 이 삼각구도 부상의 증거이다. 북반구와 남반구의 전통적인 불균형에 문화와 커뮤니케이션과 연계된 정치적 위기가 덧붙여진다".[11] 우리는 번역이 이러한 세 가지 세계화와 관련된다는 것을 부언하고자 한다. 동시 번역은 뉘른베르크Nuremberg 소송과 함께 탄생했다. 현대 시대에 문어만큼이나 구어 번역의 눈부신 발전은 기술의 발달(두 번째 세계화)처럼 국제기구의 출현(첫 번째 세계화)과 함께 광범위하게 나타난다. 게다가 언어와 문화는 분리해서 생각할 수가 없다. 따라서 번역은 세 번째인 "또 하나의 세계화"의 주요 쟁점이다.

우리가 곧 다시 살펴보아야 할 사항이지만, 이 문제에 네 번째 차원을 덧붙이고자 한다. 거대 커뮤니케이션의 시대에 그리고 무역과 여행 자유화 시대에, 개인은 예전에 전문가 혹은 엘리트에 부여된 활동들을 마주하게 되었다.

---

10 Dominique Wolton, *L'autre mondialisation*, Paris, Flammarion, 2003.
11 *Ibid.*, p. 11.

번역은 매우 단순한 한 가지 이유로 경이적인 사례가 된다. 기하급수적으로 성장하는 번역에 대한 필요성. 우리는 당연히 이를 위한 전문가들을 결코 충분히 양성할 수 없을 것이다. 유럽 연합의 예로 쉽게 확인할 수 있다. 우선 작업할 언어의 수가 4개에서 11개로 늘어났다. "한 회의에서 11개의 언어 각각에 대한 통역이 있어야 한다. 그리고 각 언어에서부터 110개의 언어 방향을 고려해야만 한다. 그중에서는 그리스어–덴마크어 혹은 핀란드어–포르투갈어처럼 드문 조합도 있다."[12] 여기에 다섯 개의 언어를 추가하면, 110개의 조합은 240개로 늘어난다. 11개의 언어를 추가하면, 462개의 조합으로 늘어난다. 그래서 언어적 차원에서 언어 수의 증가에 의해 기술적으로(그리고 재정적으로) 매우 복잡한 문제를 마주하게 된다. 일상 생활에서, 해외로 나가든 인터넷에서 "서핑"을 하든 유럽연합과 같은 전문적인 통역 서비스를 이용할 수 없는 것은 자명하다. 그래서 우리는 점점 더 여가를 위해서든 직업(학자, 기자, 사서 등)을 위해서든 전문가의 도움 없이 스스로가 번역을 해야 한다는 결론이 나온다.

이러한 관점에서 자동 번역traduction automatique(TA) 혹은 컴퓨터 지원 번역traduction assistée par ordinateur(TAO)은 상당한 도움이 될 수 있다. 특히 반복되는 작업을 위해서 그렇다.[13] 문어와 마찬가지로 구어에서도 그렇다. "수 년 동안 기계에 의해 쓰여지고, 자동으로 프랑스어로 번역되고, 그리고 나서 음성합성 시스템에 의해 프랑스어 읽기가 이루어지는 국제회의에서 모국어로 말하는 독일어 연사의 발언을 배제하는 것은 원칙적

---

12 D. Seleskovitch, M. Lederer, *Pédagogie raisonnée de l'interprétation*, p. 312.
13 Catherine Fuchs, Traduction automatique, in *Linguistique et traitement automatique des langues*, Paris, Hachette, 1993, pp. 193-222를 볼 것.

으로 없다. 모든 것이 동시통역과 같은 속도로 이루어진다."[14] 모든 경우에, 그렇게 나온 번역 혹은 통역은 교정을 필요로 할 것이다. 따라서 우리가 번역가 혹은 통역가가 될 필요는 없을 것이다.

그런데 해결책을 생각해 보자. 기계가 충분히 고성능이거나, 우리 스스로가 한 언어에서 다른 언어로 '구별 없이' 이행하기에 충분한 언어 지식의 수준에 도달해야 할 것이다. 가능한 한 필수적인 그 정도의 숙련도는 엄밀한 의미에서 기술적인 차원에 지나지 않는다. 그런데 기술은 하나의 수단이지 그 자체가 목적이 아니다. 무시하기, 그것은 가장 중요한 세 번째 세계화의 쟁점을 무시하는 것이며 언어는 상호교환 가능한 수단이 아니라 반대로 바로 정체성의 토대가 된다는 것을 망각하는 것이다.

III. 번역의 기호학

어쩔 수 없이 우리 모두가 속한 가장 최신의 세계화는 더 이상 "상호기호적"(혹은 보다 일반적이고 단순한 용어를 사용하면 "멀티미디어")'이고' 단일어적인 것이 아니다. 세계화는 이제 점점 많은 언어로 결합한다. 신기술은 공간과 시간을 집약시킨다. 국제적인 차원에서뿐만 아니라 지역적인 차원에서도 "원거리" 활동 영역을 획기적으로 확대시키면서(특히 인터넷과 케이블 혹은 위성 방송과 함께), 신기술은 소위 "가상" 세계를 만들어냈다. 그렇지만 지금은 실제 세계이다. 보들레르의 〈상응〉에서의 산책자처럼, "인간은 상징의 숲을 통해서 거기로 간다. 그리고 친숙한 시선으로 그것을 관찰한다". 예를 들어 "미디어"의 경우에, 신문 정보는 점차 "다양한

---

14 D. Seleskovitch, M. Lederer, *op.cit.*, p. 312를 볼 것.

표현으로" 전달된다.[15] 심지어 출판 신문도 마찬가지다. "앞으로 그래픽을 구현하는 주요 편집 소프트웨어들은 텍스트를 완전히 이미지화한다. 사진은 원 모양을 가지는가? 우리는 아무런 어려움 없이 주변을 텍스트로 둘러싸도록 할 수 있을 것이다."[16]

그래서 표현 형태는 모든 다른 형태를 "통제할 수 있다"(지금은 실제 세계에서의 이미지). 그렇지만 하나의 표현 형태는 또 다른 새로운 조합을 만들어낼 수 있다. "용기와 내용의 뒤얽힘, 모든 말하기 형태의 분열로 심지어 이러한 새로운 방식에 의한 제작이 글쓰기의 한 양상으로 고려될 수 있을 것이다."[17] 우리는 로만 야콥슨이 구분했던 세 가지 번역 형태 모두가 중요한 역할을 하는 세계에 살고 있다.

따라서 우리는 번역이 가장 일반적인 학문, 기호 과학의 학문에서 연구되는 것을 기다려야만 할 것이다. 찰스 퍼스의 "기호학sémiotique" 그리고 소쉬르의 "기호론sémiologie"이 이에 해당한다. 더욱이 최근에 기호학은 프랑스에서는 거의 정체되어 있다. "기호학을 배우는 것은 쉽지 않다. 1976년 이후에 출판된 수많은 입문서들은 기호학의 계승(교육)이 항상 구어적 전통에 속한다는 것에서 비롯된 주요 난점을 제대로 해결하지 못하고 있다."[18] 캐나다, 미국, 벨기에, 네덜란드, 그리고 북유럽 등의 다른 국가에서도 마찬가지다.

안 에노Anne Hénault가 책임을 맡은 편저(《기호학의 제 문제Questions de sémiotique》)에서 네 번째 표지는 "(…) 이 편저는 특히 이미지, 광고, 건축, 생물

---

15 Jacques Mouriquand, *L'écriture journalistique*, Paris, PUF, coll. Que sais-je ?, n° 3223, 1997, p. 26을 볼 것.
16 *Ibid.*, p. 24.
17 *Ibid.*, p. 28.
18 Anne Hénault, in *Questions de sémiotique*, p. 6.

학, 문학 그리고 문학에 관련된 기호학 연구 대상의 다양성을 반영한다"라고 지적하고 있다. 번역도 쉽게 그 목록에 추가될 수 있다. 세 가지 영감의 원천만을 언급하고자 한다. 첫 번째는 딘다 고를레Dinda Gorlée의 저서인 《기호학과 번역의 문제—찰스 퍼스 기호학에 대한 특별한 참조Semiotics and the Problem of Translation: with Special Reference to the Semiotics of Charles S. Peirce》(1993)라는 제목 자체가 말하고 있는 것이다.[19] 두 번째는 "타루트 학파École de Tartu"(에스토니아)로, 거기서 피터 토로프Peeter Torop는 유리 로트만Iouri Lotman[20](블라디미르 프로프Vladimir Propp처럼 러시아 형식주의의 후계자이자 가장 대표적인 푸시킨Pouchkine[21] 전문가들 중의 한 명)을 계승하고 있다. 그의 저서 《완벽한 번역Total'nyj perevod(프랑스어로 La traduction totale)》[22]은 여전히 러시아어로 번역되지 않았다. 그렇지만 브뤼노 오시모B. Osimo가 그 책을 이탈리아어로 번역하였다.[23] 영어로 된 한 학술 논문에서, 토로프[24]는 로만 야콥슨, 퍼스, 바흐친 그리고 베누티[25]에 영감을 받으면서 로트만[26]의 성찰을 확장시킨다. 세 번째 참고자료는 번

---

19 Dinda L. Gorlée, *Semiotics and the Problem of Translation: with Special Reference to the Semiotics of Charles S. Peirce*, Alblasserdam (Hollande), Offsetdrukkerij Kanters, 1993을 볼 것.

20 Iouri Lotman, *La structure du texte artistique*, Paris, Gallimard, 1973을 볼 것.

21 Pouchkine, *Evgentij Onegin*, éd. S.A. Fomichev, commentaires I. M. Lotman, Saint-Pétersbourg, Bibliopolis, 1994를 볼 것.

22 Peeter Torop, *Total'nyj perevod*, Tartu, Tartu Ülikooli Kiriastus [Presses Universitaires de Tartu], 1995를 볼 것.

23 Peeter Torop, *La traduzione totale*, éd., trad. Bruno Osimo, Moderna(Italie), Guaraldi Logos, 2000을 볼 것.

24 Peeter Torop, Translation as Translating as Culture, *Sign Systems Studies*, n° 30.2, Tartu University Press, 2002를 볼 것.

25 Lawrence Venuti, *The Scandals of Translation: towards an Ethics of Difference*, Londres, Routledge, 1998을 볼 것.

26 Iouri Lotman, Le problème de la traduction poétique, *Change*, Paris, 1973, n° 14, pp. 14-18을 볼 것.

역 경험이 수많은 언어로 번역되었고, 영화로 각색된 《장미의 이름》이라는 소설을 쓴 움베르토 에코의 두 저서, 《번역에서의 경험Experiences in Translation》[27]과 《거의 같은 것을 말하기Dire auqsi la stessa cosa》[28]가 될 것이다. 거기에 텔아비브 학파École de Tel–Aviv("다중체계polysystème" 이론[29])와 프랑스에서처럼 또 다른 원천을 추가할 수 있었을 것이다. "또 다른 세계화"가 번역의 기호학적 차원의 중요성을 확고히 하기만을 기대해야만 한다.

IV. 언어 서비스로서 번역

2001년 11월 파리에서 채택된 〈유네스코 세계 문화다양성 선언Déclaration universelle de l'Unesco sur la diversité culturelle〉에서 6조는 "(…) 표현의 자유, 매체 다원주의, 다언어주의, 디지털 형식을 포함한 예술과 과학적, 기술적 지식에 대한 동등한 접근, 표현과 배포를 위한 수단에 접근할 수 있는 모든 문화의 가능성은 문화 다양성을 위한 보장이다"라고 명기하고 있다.[30] "문화다양성"은 무의미한 단어가 아니다. 사무총장이 지적한 것처럼, "20세기 마지막 10년은 소위 문화 기원에 대한 충돌을 낳았다".[31] 따라서 볼통은 "언어 다양성의 수용"를 요구하는 진정한 "문화적 동거cohabitation cuturelle"의 사도를 자처한다. "언어의 복수성은 현대 세

27 Umberto Eco, *Experiences in Translation*, trad. Alastair McEwen, Toronto, University of Toronto Press, 2000.
28 Umberto Eco, *Dire quasi la stessa cosa. Esperienze di traduzione*, Milan, Bompiani, 2003.
29 Gideon Toury, Translation, in *Encyclopedic Dictionary of Semiotics*, vol. 2, éd. Thomas Sebeok, Berlin, Mouton-de Gruyter, pp. 1107-1124를 볼 것.
30 *Déclaration universelle de l'Unesco sur la diversité culturelle*, Paris, Éd. de l'Unesco, 2002.
31 http://www.unesco.org/culture/pluralism/diversity/html_fr를 볼 것.

계의 첫 번째 정치 현실인 문화 다양성의 첫 번째 조건이다."[32] 다른 언어를 희생해서 영어의 헤게모니를 촉진하는 것은 말도 안 된다. "클로드 아제주의 명제[33]에 따라서, 우리는 충분히 빨리 세 개의 언어 습득을 권장할 수 있다. 모국어, 자신의 선택에 따른 제2외국어 그리고 영어."[34] 유네스코도 12조에서 "가능한 모든 단계의 교육에서—모국어를 존중하고—언어 다양성을 촉진하고, 유년기부터 여러 언어를 학습하도록 장려"하며 분명히 같은 입장을 취한다. 따라서 언어의 문제는 그 어느 때보다도 인류 전체를 참여시키는 세계적인 쟁점이 된다.

거기에 기본적으로 중요한 번역을 추가하고자 한다. 앙투안 베르만의 분석을 다시 수용하면서, 철학자 폴 리쾨르는 바로 이러한 입장을 취한다. "번역하기는 외국의 언어로 사는 것과 동시에 고유 언어로 바로 이 외국에 호의hospitalité를 베푸는 것이다. 마찬가지로, 기억과 역사가 서술자의 호스트 언어langue d'accueil로 사건에 의해 전달된 것을 번역한다고 말할 수 없을 것인가?"[35] 실제로, 언어의 지식을 학습된 언어만큼의 사본만큼 자기 고유의 지식에 대한 복사, 다시 말해서 단순한 '기술'로 단순화시켜서는 안 될 것이다(몇몇 다국어 사용자는 많은 표본을 습득할 수 있다). 볼통은 훔볼트식 표현으로 "언어는 단순히 단어들의 집합이 아니다. 그것은 또한 그리고 특히 생각하고, 꿈꾸고, 상상하고, 세계를 바라보는 태도이다. 우리는 같은 관념 체계, 같은 정신적 구조, 한 언어에서 다른 언어로의 동일한 추론을 하지 못한다"[36]라고 말했을 때 이에 대

---

32 Dominique Wolton, *L'autre mondisalisation*, p. 101을 볼 것.
33 Claude Hagège, *Le souffle de la langue*, Paris, O. Jacob, 1996을 볼 것.
34 Dominique Wolton, *op.cit.*, p. 101.
35 Paul Ricœur, La marque du passé, *Revue de métaphysique et de morale*, 1998, n° 1, p. 15.
36 Dominique Wolton, *op.cit.*, p. 101을 볼 것.

해 의식을 하고 있었다. 다른 언어에서 같은 "정신적 구조"를 만들지 말아야만 하며, 혹은 외국어에 다른 "세계관"을 제공해서는 안 되는가. 《햄릿》의 그 유명한 독백의 첫 부분의 볼테르의 "번역"과 장-미셸 데프라Jean-Michel Déprats의 번역을 비교하면 이를 잘 이해할 수 있을 것이다.

To be, or not to be, that is the question, Whether 'tis nobler in the mind to suffer The slings and arrows of outrageous fortune, Or to take arms against a sea of troubles, And by opposing end them. [...] Shakespeare, *Hamlet*, III, I, 1-5.	Demeure, il faut chosir et passer à l'instant De la vie à la mort et de l'être au néant. Dieux justes, s'il en est, éclairez mon courage, Faut-il vieillir courbé sous la main qui m'outrage, Supporter ou finir mon malheur et mon sort. Trad. Voltaire (1733).	Être ou ne pas être, telle est la question. Est-il plus noble pour l'esprit de souffrir Les coups et les flèches d'une injurieuse fortune, Ou de prendre les armes contre une mer de troubles Et en les affrontant y mettre fin ? [...] Trad. Jean-Michel Déprats (1983).*

18세기에 국제어로서 라틴어의 왕좌를 빼앗은 프랑스어는 오늘날 영어가 차지하고 있는 서열에 비견되는 위치를 차지하고 있었다.[37] 그렇지만 지배어의 파급은 또 다른 측면을 가진다. 유네스코 선언이 말했던 문화적 다양성의 존중을 부정하는 우월성의 감정이다. 바로 거기에 번역이 전제하는 두 언어-문화 사이에서의 왕복 작업이 왜 그처럼 중요한

37 Claude Hagège, *Le français, histoire d'un combat*, Paris, Éd. Michel Hagège, 1996, p. 90 및 이하를 볼 것.

* Fortunato Israel, Shakespeare en anglais: être ou ne pas être, revue *Palimpsestes*, n° 3, « Traduction/adaptation », éd. P. Bensimon, D. Coupaye, Paris, Presses de la Sorbonne Nouvelle, 1990 재인용.

지에 대한 이유가 있다. 번역은 우리가 알고 있는 결과들과 함께, 사회 전체에 내재된 자민족중심주의 경향을 바꾸는 데 가장 효과적인 수단들 중의 하나이기 때문이다.

따라서 이런 방향으로 확장된 번역은 단순히 피상적인 방식이 아니라 중등교육부터 교육에 적극 통합될 수 있을 것이다. 우리는 고등학교 3학년 학생들에게 공간기하학 혹은 헤겔 철학을 가르친다. 그렇다면, 한 언어에서(그리고 한 문화에서) 다른 언어로 이행할 수 있는 작용들은 왜 안 되는가? 작용들도 중요하지 않은가?

결론

우선, 번역은 언어 작용이다. 이런 점에서 번역은, 페르디낭 드 소쉬르가 《일반언어학 강의》보다는 《일반언어학 노트》에서 보았던 것처럼, 일단 모든 단위들을 위해 주어진 환경에 있는 단위들이 아니라 그 특이성이 다시 더 작은 단위들로 무한히 분할될 수 있는 차별화된 단위들에 적용된다. 실제로 단위들은 랑그 체계 내에서 차이들에 의해서만 가치를 가진다. 그래서 두 단어 "sea"와 "mer"(혹은 또 다른 언어에서의 등가표현)는 정확히 같은 것을 의미하지 않을 것이다. 한 언어에서 다른 언어로 이행하면서, 우리는 항상 움베르토 에코의 책 제목인 《거의 같은 것을 말하기》가 가리키는 것처럼 "거의 같은 것을 말한다"고 비난받는다. 바로 "거의"가 모든 차이를 만들어낸다.

"거의"가 없다면, 언어는 일종의 단어목록에 지나지 않을 것이다. 그렇다면 번역은 단어 대 단어의 단순한 코드전환으로 축소될 것이다. 코드전환은 지겨울 정도로 반복적인 작업이며, 기계가 인간보다 더 잘 수행할 수 있다. 그래서 언어에 상관없이 언어 간 이동을 할 수 있기 위해서 해당 언어들을 아는 것으로 충분할 것이다. "거의"와 함께, 언어 습득 능력은 번역에 있어서 충분이 아닌 필수 조건이 된다.

이러한 차별성의 문제를 해결할 여러 가지 방식이 있다. 오래전부터 가장 널리 알려진 첫 번째 방법은 우리가 번역하는 것이 바로 번역어로 표현되었다는 인상을 주는 것이다. 그래서 "투명성"의 효과를 내는 것이다. 원어의 모든 흔적은 사라진다. 그러한 형태의 "자연스러운" 번역은 그 자체로 텍스트, 보다 일반적으로 말해서 (문학이 아닌) "화용론적인" 언술들의 경우에 요구된다. 그래서 우리는 시니피에의 논리를 가진다. 거기서 핵심은 의미를 옮기는 것이다. 의미에 종속된 형태는 따라서 가능한 관용적인 표현이 되어야만 한다. 다시 말해서, 이해가 억제된다고 생각하는 것은 무의미하다. 반면 모든 것은 가장 쉽게 이해되도록 하는 데 경쟁해야만 한다. 이 경우에 "목표주의자적" 방식으로 번역을 하지 않는 것은 잘못이다. 따라서 통역가의 경우가 그렇다.

"예술 텍스트"의 경우에, 우리는 반대의 논리를 가진다. 의사소통 기능은 시적 기능에 종속된다. 따라서 의미는 형태에 종속된다. "목표주의자적" 태도(마치 "목표어"로 쓰여진 것처럼)로 문학 텍스트를 번역해야만 하는가? 아니면 "원천주의자적" 방식("원어"의 형태가 나타나도록 두면서)으로 번역해야만 하는가? 이 용어들이 제기하는 문제는 "(죽은) 문자" 혹은 "(살아있는) 정신"을 번역해야만 하는지를 묻는 문제처럼 큰 의미를 가지지 않는다. 그런 식으로 문제를 제기하는 것은 우리가 "의미"를 "형태"에서 분리할 수 있다는 것을 전제한다. 이것은 이미 플로베르가 규탄했던 이원론적 시각이다. 형태 없이 의미를 번역하는 것은 불가능하다.

게다가 세 번째 용어는 이 불능의 대립에서 벗어나기 위해 발견될 수 있다. 훔불트가 이국성을 희생해서 외국어에 유리하게 추천하는 번역의 형태, 괴테가 구별했던 번역의 세 번째 형태, 메쇼닉이 추천했던 "탈중심" 번역, 베르만의 "직역" 번역은 각각의 차이가 있지만 전적으로 "목표주의자적인 것"도 아니며, "원천주의자적인 것"도 아니다. 에드몽 카리가 말했던 것처럼 문학 번역은 언어적 작용에 지나지 않는다. 그래서 문자상에서의 문학 작용이다. "내 관점에서는 연극적 특성théâtralité의 보존에 가장 유리한 통로는 잘 조율되고 (…) 단어들의 순서, 단어들의 수, 이미지의 밀집성을 염두에 두는 문학성의 통로임을 이해할 것이다. 텍스트의 수사적이고 상상적 구소, 텍스트의 체계를 보존하고 언어의 외관에 근접한 상태로 있는 것과 관련된다."[1]

"잘 조율된 직역"이라는 표현은 바로 번역가의 목표가 실제로 번역해야 할 텍스트의 특성(우리는 아동문학과 피카레스크 소설[악당소설], 상징주의 시를 같은 방식으로 번역할 수 없다), 그래서 번역해야 할 글에 따라서 변화 가능한 기하학에 있음을 나타낸다. 우리는 한 텍스트를 일률적으로 번역할 수 없다. 텍스트는 일률적이지 않기 때문이다. 따라서 몇몇 사람들이 반박하는 것은 이런저런 방식의 번역에 대한 것이 아니라, '모든' 텍스트를 동일한 틀, 오늘날 흔히 "목표 독자들에게" 텍스트가 "읽기 가능하도록" 하지만, 실제로는 부자연스럽게 만드는 자연스럽고 "우아한" 번역의 틀에 가두는 획일화이다.

따라서 문학 번역의 경우에는 "차이의 윤리éthique de la différence"[2]를 위한 자리가 있다. 이것은 〈유네스코 세계 문화다양성 선언〉과 같은 방향을 지향하는 것이다. 그것은 "이국의 중재에 의해 고유성을 비옥하게 한다"[3]는 앙투안 베르만의 표현은 그 어느 때보다도 다른 분야와 마찬가지로 문학에서도 현안이라는 증거이다. 그럼에도 불구하고 이러한 문제는

---

1 Jean-Michel Déprats, Traduire Shakespeare pour le théâtre ?, *Palimpsestes*, n° 1, *Traduire le dialogue. Traduire les textes de théâtre*, éd. P. Bensimon, D. Coupaye, G. Leclerc, Paris, Presses de la Sorbonne Nouvelle, 1987, p. 63.

2 Lawrence Venuti, *The Scandals of Translation: towards an Ethics of Difference*, Londres, Routledge, 1998을 볼 것.

3 Antoine Berman, *L'épreuve de l'étranger*, p. 16.

현재와 연관된 부차적인 것만은 아니다.[4] 그래서 멕시코 작가이자 외국 문화 수용의 지지자인 카를로스 푸엔테스는 최상의 〈돈키호테〉 영어 번역은 스코틀랜드 작가인 토비아스 스몰레트Tobias Smollette(1721–1771)의 번역이라고 생각한다. 따라서 번역의 기본 기능은 바벨에 저항하면서도 지지하는 다양성의 위대한 중재자라는 데 있다.

4 Paul-Gabriel Boucé, Les deux premières traductions françaises des Gulliver's Travels, in Annie Cointre *et al.*, *La traduction romantique au XVIIIe siècle*, Arras, Arras Presses Université, 2003을 볼 것.

참고 문헌

Avtonomova, Natalia, *Poznanie i perevod [Cognition et traduction]*, Moscou, Rosspen, 2008.

Ballard, Michel, *De Cicéron à Benjamin. Traducteurs, traductions, réflexions* (1992), Lille, PUL, 1995 (1992).

Baker, Mona, Gabriela Saldanha (dir.), *Routledge Encuycolpedia of Translation Studies*, Londres, Routledge, 2e éd., 2008.

Benjamin, Walter, La tâche du traducteur, in *Mythe et violence*, trad. M. de Gandillac, Denoël, 1971 (Heidelberg, 1923).

Berman, Antoine, *L'épreuve de l'étranger. Culture et traduction dans l'Allemagne romantique*, Paris, Gallimard, 1984.

Berman, Antoine, *Pour une critique des traductions. John Donne*, Paris, Gallimard, 1995.

Cassin, Barbara (dir.), *Vocabulaire européen des philosophies. Dictionnaire des intraduisibles*, Paris, Le Seuil/Le Robert, 2004.

Cheng, François, *L'écriture poétique chinoise*, Paris, Le Seuil, 1996.

Derrida, Jacques, Des tours de Babel, in *Difference in Translation*, Joseph F. Graham (dir.), Ithaca, Cornell University Press, 1985, p. 209-248.

Etkind, Efim, *Un art en crise. Essai de poétique de la traduction poétique*, Lausanne, L'Âge d'Homme, 1982.

Gak, Vladimir Grigorievitch, *Russkij jazyk v sopostavlenii s frantsuzskim* [La langue russe comparée à la française], Moscou, Russkij Jazyk, 1988.

Garcia Yebra, Valentin, *Traducción: historia y teoria*, Madrid, Gredos, 1994.

Genette, Gérard, *Palimpsestes. La littérature au second degré*, Paris, Le Seuil, 1982.

Gorlée, Dinda L., *Semiotics and the Problem of Translation: with Special Reference to the*

Semiotics of Charles S. Peirce, Alblasserdam (Pays-Bas), Offsetdruckkerij Kanters, 1993.

Guillemin-Flescher, Jacqueline, *Syntaxe comparée du français et de l'anglais. Problèmes de traduction*, Gap, Ophrys, 1981.

Hagège, Claude, *Halte à la mort des langues*, Paris, Odile Jacob, 2002.

Humboldt, Wilhelm von, *Sur le caractère national des langues et autres écrits*, trad., éd. Denis Thouard, Paris, Le Seuil, 2000.

Jakobson, Roman, Aspects linguistiques de la traduction, in *Essais de linguistique générale*, trad. N. Ruwet, Paris, Éditions de Minuit, 1963, pp. 78-86.

Jakobson, Roman, *Selected Writings: Early Slavic Paths and Crossroads*, vol. VI, Berlin/New York, Mouton de Gruyter, 1985.

Ladmiral, Jean-René, *Traduire: théorèmes pour la traduction* (1979), Paris, Gallimard, 1994.

Larose, Robert, *Théories contemporaines de la traduction*, 2e éd., Sillery, Presses de l'Université du Québec, 1989.

La traduction, un choix culturel, revue *Esprit*, juin 1999.

Meschonnic, Henri, *Poétique du traduire*, Lagrasse, Verdier, 1999.

Mounin, Georges, *Les Belles Infidèles* (1955), Lille, PUL, 1994.

Mounin, Georges, *Les problèmes théoriques de la traduction*, Paris, Gallimard, 1963.

Newmark, Peter, *A Textbook of Translation*, Londres, Prentice Hall, 1988.

Oseki-Dépré, Inês, *Théories et pratiques de la traduction littéraire*, Paris, Armand Colin, 1999.

Oustinoff, Michaël, *Bilinguisme d'écriture et autotraduction. Julien Green, Samuel Beckett, Vladimir Nabokov*, Paris, L'Harmattan, 2001.

Oustinoff, Michaël, *Traduire et communiquer à l'heure de la mondialisation*, Paris, CNRS Éditions, 2011.

Paz, Octavio, *Traducción: literatura y literalidad*, Barcelone, Tusquets, 1971.

Saussure, Ferdinand de, *Écrits de linguistique générale*, S. Bouquet, R. Engler (éds.), Paris, Gallimard, 2002.

Seleskovitch, Danica, Marianne Lederer , *Pédagogie raisonnée de l'interprétation*, Paris, Didier Érudition/Klincksieck – Communautés européennes, 2002.

Steiner, George, *Après Babel. Une poétique du dire et de la traduction*, trad. Lucienne Lotringer, Paris, Albin Michel, 1978 (After Babel. Aspects of Language and Translation, Oxford University Press, 1975).

Venuti, Lawrence, *The Translator's Invisivility. A History of translation*, Londres, Routledge, 1995.

Vinay, Jean-Paul, Jean Darbelnet, *Stylistique comparée du français et de l'anglais*, Paris, Didier, 1977(1958).

Whorf, Benjamin Lee, *Language, Thought and Reality*, Cambridge (Mass.), The MIT Press, 1958.

학술잡지

Meta, Presses de l'université de Montréal, http://www.erudit.org/revue/meta.

Palimpsestes, Presses de la Sorbonne Nouvelle, http://www.palimpsestes.revues.org.

Translation and Literature, Edinburgh University Press, http://www.eup.ed.ac.uk.

TTR, Université McGill, Montréal, http://www.uottawa.ca/associations/act-cats.

번역가 및 번역학 협회

ACT/CATS : Association canadienne de traductologie/Canadian Association for Translation Studies, http://www.uottawa.ca/associations/act-cats.

ATLAS : Assises de la traduction littéraire en Arles, http://www.atlas-citl.org.

ATLF : Association des traducteurs littéraires de France, http://www.atlf.org.

SFT : Société française des traducteurs, http://www.sft.fr.

ATA : American Translators Association, http://atanet.org.

FIT : Fédération internationale des traducteurs, http://www.fit-ift.org.

번역 번역학총서 · 15

초판 발행 1쇄 2020년 8월 31일

지은이 미카엘 우스티노프
옮긴이 조준형
펴낸곳 고려대학교출판문화원
www.kupress.com
kupress@korea.ac.kr
(02841) 서울특별시 성북구 안암로 145
Tel 02-3290-4230, 4232
Fax 02-923-6311
찍은곳 네오프린텍(주)

ISBN 979-11-90205-60-3 93800

값 13,000원